Philipp Beyer

55 Methoden Wirtschaft

einfach, kreativ, motivierend

Auer

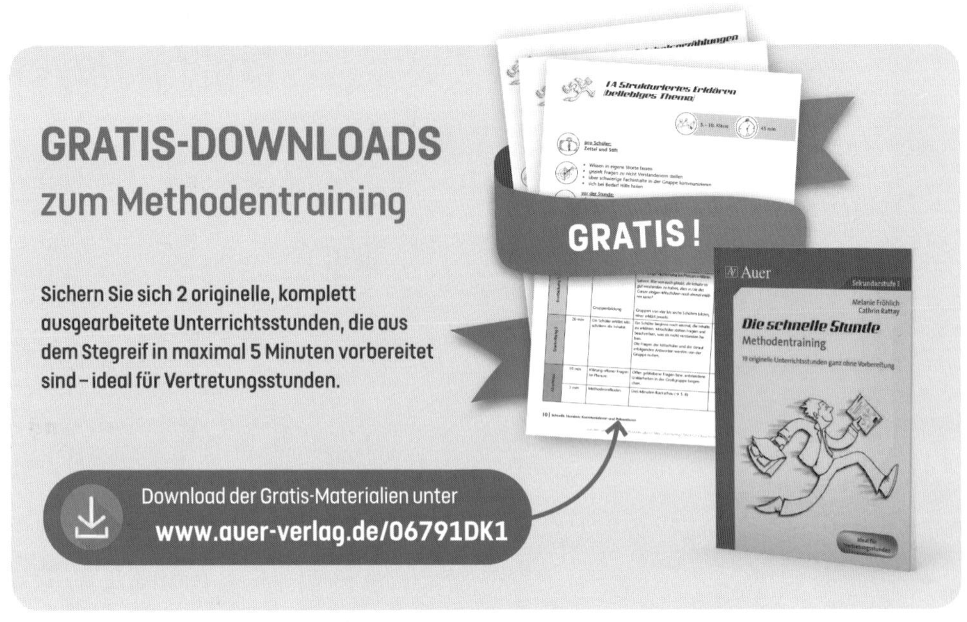

Die Internetadressen, die in diesem Werk angegeben sind, wurden vom Verlag sorgfältig geprüft (Redaktionsschluss Mai 2021) Da wir auf die externen Seiten weder inhaltliche noch gestalterische Einflussmöglichkeiten haben, können wir nicht garantieren, dass die Inhalte zu einem späteren Zeitpunkt noch dieselben sind wie zum Zeitpunkt der Drucklegung. Der Auer Verlag übernimmt deshalb keine Gewähr für die Aktualität und den Inhalt dieser Internetseiten oder solcher, die mit ihnen verlinkt sind, und schließt jegliche Haftung aus.

Hinweisen an info@auer-verlag.de auf veränderte Inhalte verlinkter Seiten werden wir selbstverständlich nachgehen.

Gedruckt auf umweltbewusst gefertigtem, chlorfrei gebleichtem und alterungsbeständigem Papier.

5. Auflage 2021
Nach den seit 2006 amtlich gültigen Regelungen der Rechtschreibung

Illustrationen: Thorsten Trantow, Julia Flasche
Satz: Typographie & Computer, Krefeld
Druck und Bindung: Franz X. Stückle Druck und Verlag e.K.
ISBN 978-3-403-**06878**-5

www.auer-verlag.de

Warum Methoden im Unterricht?

Immer noch ist das Gerangel um die Methoden nicht zu Ende. Aussagen dieser oder ähnlicher Art sind Ihnen sicher auch vertraut:

1. „Vor lauter Methode tritt der Inhalt doch immer mehr in den Hintergrund!"
2. „Das ist doch alles viel zu vorbereitungsintensiv für den Alltag!"
3. „In 45 Minuten kann man das doch nicht sinnvoll umsetzen!"

Und natürlich findet sich in solchen Aussagen auch immer ein Teil Wahrheit. Dennoch ist ein abwechslungsreicher Methodeneinsatz ein hilfreicher und wichtiger Baustein guten Unterrichts.

Dass Methoden hierbei kein Selbstzweck sind und nur eine kluge Auswahl einer geeigneten Methode zu einer Thematik bzw. zu einem Bildungsziel es dem Schüler[1] ermöglicht, effizient und hoffentlich nachhaltig zu lernen, sollte nicht vergessen werden. Dass manchmal das Erlernen einer neuer Methode auch Stundenziel sein kann, steht hierzu nicht im Widerspruch, denn schließlich muss auch ein Methodenrepertoire erst einmal erarbeitet werden und da mag es dann sein, dass der Inhalt tatsächlich einmal im Hintergrund steht.

Was das Vorbereitungsargument anbelangt, so stimmt es, dass manche Methoden ein Vielfaches an Vorbereitung brauchen, gerade wenn hierfür aufwendige Bastelarbeiten erforderlich sind. Andere Methoden benötigen aber auch nicht mehr Vorbereitung als ein Lehrervortrag. Darüber hinaus kann ein geschickt gewähltes Lernarrangement auch dem Lehrer die Chance bieten, sich an einem langen Schultag einmal in seiner Person zurückzunehmen, während die Schüler mit den evtl. vorbereitungsintensiven Materialien arbeiten. Unterm Strich kann hierbei trotzdem eine Entlastung der Lehrkraft entstehen.

Der erste Einsatz einer neuen Methode bringt häufig nicht die erwarteten Ergebnisse. Schüler (und man selbst) sind noch nicht vertraut mit den Abläufen und Zielen, sodass gerade hier die Zeit schnell knapp wird. Hiervon darf man sich nicht entmutigen lassen. Beim zweiten Versuch geht das meiste schon reibungsloser und schneller. Auch sollte man nicht vergessen, dass der Inhalt des Unterrichts nicht nur jener ist, den man in einer Stunde vermittelt hat, sondern Inhalt auch jener Teil ist, der schließlich bei den Schülern ankommt und im Gedächtnis bleibt. Dementsprechend kann etwas weniger, dafür aber geschickt aufbereitet, letztlich mehr sein.

Abschließend noch eine kurze Anmerkung zum Gebrauch des Wortes „Methode". Diese Handreichung benutzt den Begriff recht freizügig und grenzt ihn bewusst nicht trennscharf gegen Begrifflichkeiten wie Arbeitstechnik, Sozialform, Lernspiel oder Arbeitsform ab. Methode soll hier frei nach der griechischen Übersetzung alles sein, was den „Weg zu" einem Lernziel ebnet. Genauso pragmatisch sollte

1 Aufgrund der besseren Lesbarkeit ist in diesem Buch mit Schüler auch immer Schülerin gemeint, ebenso verhält es sich mit Lehrer und Lehrerin etc.

auch mit den vorgestellten Methoden umgegangen werden, so es diesen Weg erleichtert.

Aufbau der Handreichung

Die Darstellung der 55 Methoden erfolgt im Wesentlichen immer nach dem gleichen Schema:

Zu Anfang jeder Seite werden **allgemeine Hinweise** zu der Methode gegeben. Dieser Teil enthält immer wiederkehrende Elemente. Folgende Icons werden zur besseren Orientierung verwendet:

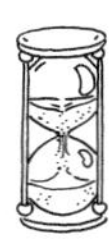

Zeitbedarf der Methode, der je nach Klassensituation, Material, Thematik sehr stark variieren kann

Schwierigkeitsgrad der Methode (für die Schüler)

Zielsetzung der Methode

Benötigte Materialien

Nun folgt eine **allgemeine Darstellung** der Methode. So werden u. a. die einzelnen Arbeitsschritte durchgegangen, Vorbereitungen werden erläutert und auf auftretende Problemfelder wird eingegangen.

Schließlich wird ein **konkretes Unterrichtsbeispiel** aus dem Wirtschaftsunterricht gegeben, welches die Methode illustriert und eine erste Anregung für den Unterrichtseinsatz gibt. Teilweise werden auch konkrete Themen benannt, wo die Methode gut eingesetzt werden könnte.

Eine **grafische Darstellung** ergänzt das konkrete Unterrichtsbeispiel oder die allgemeine Darstellung.

Viel Erfolg bei der Umsetzung in Ihrem Unterricht,

Philipp Beyer

1.1 Abc-Methode (Assoziieren mit Buchstaben)

15 Min.

Einstiegsmethode, die Vorwissen aufgreift
Zusammenfassung am Ende einer Unterrichtseinheit

Ggf. vorbereitetes Arbeitsblatt

Durchführung:

Die Schüler sollen zielgerichtet zu einem Thema assoziieren und so in eine neue Thematik einsteigen bzw. am Ende einer Sequenz passende Begriffe wiederholen. Die Vorgabe kann wie unten dargestellt in kreuzwortähnlicher Form erfolgen oder aber auch einfach als Ergänzung des Alphabets. Nachdem die Schüler in Einzelarbeit versucht haben, ihre Liste zu vervollständigen, erfolgt ein Austausch mit dem Partner bzw. im Plenum. Alternativ kann auch auf Think – Pair – Share (s. S. 22) zurückgegriffen werden.

WIRTSCHAFT

A ngebot	O nline
B uchhaltung	P reis
C ontrolling	Q ualität
D istribution	R eal
E igenkapital	S egment
F inanzen	T ransaktionskosten
G üter	U msatzrentabilität
H andel	V olkswirtschaft
I nformation	W achstum
J ahresabschluss	X ETRA-DAX
K osten	Y oung-Plan
L öhne	Z weitstimme
M acht	
N achfrage	

Konkrete Unterrichtsbeispiele:

- Märkte
- Wirtschaft
- Sozialstaat
- Rechnungswesen
- Finanzen

.2 **Bildersalat** (Assoziationen mit Fotos)

30 Min.

Thematische Einstimmung
Meinungen / Haltungen abfragen

Ggf. vorbereitetes Arbeitsblatt

Durchführung:

Nachdem die Schüler das neue Thema genannt bekommen haben, dürfen sie sich aus einer Ansammlung von Fotos, Bildern, Postkarten, Comicstreifen, Zeitungsausschnitten etc. ein Objekt auswählen, welches sie ganz persönlich eng mit dem Thema verbinden. Es empfiehlt sich, die doppelte Anzahl von Objekten bereitzustellen, wie Schüler in der Klasse sind, sodass genügend Auswahl besteht. Nachdem sich jeder Schüler mit seiner Abbildung beschäftigt hat, finden sich kleine Gruppen zusammen, in denen jeder über sein Bild berichtet. Schließlich stellt jede Gruppe einige ihrer besonders guten Gedanken dem Plenum vor.

Konkrete Unterrichtsbeispiele:

- Wir leben in einer Konsumwelt?
- Markt als Treffpunkt von Angebot und Nachfrage
- Arbeit bedeutet für mich ...

5 Min. 

Einstieg
Präsentation von Erarbeitungsinhalten

Geschriebene Dialogvorgabe

Durchführung:

Zwei (oder mehrere) Schüler werden vor die Klasse geholt und erhalten jeweils einen fertig ausgearbeiteten Dialog, welchen sie der Klasse präsentieren. Bei der Auswahl sollte darauf geachtet werden, dass nicht unbedingt Schüler mit einer Leseschwäche herangezogen werden, da sie sich eventuell schämen könnten. Je nach didaktischer Zielsetzung kann das Gespräch als Einstieg zu einem Thema oder zur Erarbeitung eines Teillernziels dienen. Im zweiten Fall sollte die Klasse klare Höraufträge erhalten, die sie während des Dialogs bearbeitet. Je nach Länge und Komplexität des Vortrags können an verschiedene Gruppen auch unterschiedliche Arbeitsaufträge vergeben werden. Nach Ende des Dialogs werden die Ergebnisse abgefragt (Plenumsgespräch, Kartenabfrage ...) und können anschließend gesichert werden.

Konkretes Unterrichtsbeispiel:

Dialog zum Einstieg in den kaufmännischen Personalbereich.

Guten Tag Herr Meyer. Ich muss da mal dringend mit Ihnen reden.

Oh, guten Tag Frau Fleißig. Was gibt es denn so Wichtiges?

Ich wollte mal mit Ihnen über meine Gehaltsabrechnung reden. Hier stimmt offensichtlich etwas nicht!

Ja, und wo liegt das Problem?

Nun ja, wie will ich es sagen. Sehen Sie! Hier in meinem Arbeitsvertrag steht, dass ich monatlich ein Gehalt von 3.000,00 € bekommen sollte. Aber sehen Sie, auf meinem Konto gehen nur 1.752,20 € ein.

Ach Frau Fleißig. Ich habe da zwei Nachrichten für Sie. Eine gute und eine schlechte. Die gute Nachricht: Sie bekommen genau das vertraglich vereinbarte Gehalt überwiesen. Und die schlechte Nachricht: Leider stimmt auch der Betrag, der auf ihrem Kontoauszug steht. Lassen Sie es mich anhand Ihrer Gehaltsabrechnung erklären.

Ja, gerne.

Einstieg
Wiederholung

Geeignete Grafik, Karikatur auf Folie, Poster oder Arbeitsblatt

Durchführung:

Den Schülern wird ein Bild präsentiert, auf welchem eine oder mehrere Personen dargestellt sind, die eine Aussage tätigen. Die Sprechblase ist aber leer. Nun wird gemeinsam der Kontext der Abbildung geklärt, sodass den Schülern ein Bezugsrahmen gegeben ist. Danach sollen die Schüler die Szene vorzugsweise in Gruppenarbeit oder aber im Plenum mit Leben füllen, indem sie sich Text für die Sprechblase(n) ausdenken. Je nach didaktischer Intention kann diese Methode als Hinführung zu einem neuen Thema genutzt werden oder aber im Rahmen einer Gesamtsicherung.

Konkretes Unterrichtsbeispiel:

Möglicher Text für die obige Gedankenblase zum Thema wirtschaftliches Handeln:

- Urlaub, Urlaub, Urlaub. Und wer bezahlt die Reparatur des Autos?
- Ich würde viel lieber eine Kreuzfahrt machen.
- Dafür müsste ich ja einen Kredit aufnehmen!
- In der Krise heißt es sparen und nicht Urlaub!

Ideenfindung
Vorwissen abrufen
Meinungen abfragen

Ggf. Arbeitsblatt / Poster mit vorbereitetem Satzanfang

Durchführung:

Der Lehrer präsentiert den Schülern einen unvollendeten Satzteil, den sie selbstständig vervollständigen sollen. Sowohl in der Vorstellung der Ellipse als auch in der Erarbeitung der Antworten sowie in der darauffolgenden Präsentation der Ergebnisse kann vielfach variiert werden: z. B. Anschrieb an die Tafel mit anschließender Think-Pair-Share-Methode, Bearbeitung über die Placemat-Methode, Präsentation über Folie mit anschließender Kartenabfrage. Bei der Formulierung des Satzbruchstücks sollte ein möglichst weiter und auch subjektiver Antwortspielraum möglich sein. Egal, für welche Variante man sich entschieden hat, am Ende sollte die gemeinsame Aussprache im Plenum erfolgen, bei der die Schüler ihre Ergebnisse präsentieren und in der über diese reflektiert wird. Hierauf aufbauend kann die weitere Bearbeitung des Themas folgen.

Werbung:

... geht mir völlig auf den Nerv.
... informiert mich über Angebote.
... ist manchmal ganz lustig.
... in Form von E-Mails landet im Spamfilter.
... gehört im Kino verboten.
... sollte weniger im Fernsehen kommen.
... verleitet mich zum Konsum.
... beeinflusst mich überhaupt nicht.
... für Zigaretten und Alkohol finde ich nicht gut.
... Werbeaktionen auf Partys sollen öfter sein.

Konkrete Unterrichtsbeispiele:

- Werbung ... – als Einstieg in den Themenbereich
- Der Standort Deutschland ... – positive und negative Aspekte
- Sozialstaat bedeutet für mich ... – zur Erarbeitung eines Sozialstaatsbegriffs
- Einen Job zu haben bedeutet für mich ... – Bedeutung von Arbeit für den Menschen

Affektiver Zugang zu einer Thematik

Vorbereitete, ausformulierte Fantasiereise

Durchführung:

Die thematische Fantasiereise soll die Schüler mittels eines Rollenwechsels gefühlsbetont zu einem neuen Themenbereich hinführen und somit ein höheres Maß an Betroffenheit erzeugen. Selbst bei eher sachlich orientierten Themen (siehe Beispiel) kann diese Methode angewandt werden, solange es Schnittpunkte zur Schülerwelt gibt. Die Fantasiereise beginnt mit einer Phase der Hinführung, in der die Schüler zur Ruhe kommen und auf die Geschichte eingestimmt werden. Dieser Einstieg kann durch eine passende Hintergrundmusik erleichtert und intensiviert werden. Daraufhin folgt die eigentliche Geschichte, die mit häufigen Pausen durchsetzt ist, sodass sich die Schüler die geschilderten Szenen besser ausmalen können. Die Fantasiereise schließt mit einer Rückführungsphase, in der sich die Schüler recken, tief durchatmen etc., sodass der Kreislauf wieder angeregt wird.

Konkretes Unterrichtsbeispiel:

Als Hinführung zu einer Unterrichtseinheit zum Thema „Bewerbung" könnte folgende Fantasiereise genutzt werden. Wichtig sind die eingebauten Sprechpausen.

„Du sitzt ganz entspannt und locker auf deinem Stuhl. Die Füße sind gestreckt und deine Arme hängen locker herab. Du atmest ganz tief ein und wieder aus. Langsam schließen sich deine Augen. Ein- und wieder Ausatmen ...

Nein, nein, das kann doch nicht sein! Ausgerechnet heute, wo der Tag so wichtig ist. Wie kann man da verschlafen. **Schnaufen** Zum Glück kann man den Weg auch mit dem Fahrrad zurücklegen. **hektisches Atmen** Mein Gott, warum ich habe es nicht ganz geschafft? 5 Minuten zu spät und das, obwohl ich mich so beeilt habe. Und verschwitzt bin ich auch noch. Jetzt bloß nicht nervös werden. Ich darf ja trotzdem mit Frau Müller reden, nachdem der andere Mitbewerber überpünktlich war. Verdammt ..., meine Handflächen sind ganz feucht. Hätte ich doch bloß nicht so schnell radeln müssen. Ob der andere wohl bessere Chancen hat als ich? Jetzt bloß nicht an sowas denken. Ganz ruhig. Jetzt nicht ausflippen. Schau dir einfach die Bilder an der Wand an oder gehe nochmal die vorbereiteten Fragen durch. Ach, das sind ja Bilder von der Firma. Wie war das nochmal mit der Firmengründung? 1956 oder 1957? Und wofür steht MARARO nochmal? Ach ja: Markisen, Raffstore und Rollläden. Ah, da kommt ja Frau Müller mit dem anderen. Der sieht ja ganz zufrieden aus. So, tief durchatmen und immer daran denken: Eine gerade Haltung und ein ordentlicher Händedruck. Dann gehen wir's mal an ...

Langsam verblasst die Szene vor deinen Augen. Die Umrisse verschwimmen und das Stimmengewirr wird immer leiser. Dafür hörst du jetzt wieder deinen Banknachbarn atmen. Du bist wieder im Klassenzimmer. Öffne deine Augen. Recke dich und atme ganz tief durch."

10 Min.

Einstieg in Themenbereich oder Teillernziel
Gesamtsicherung

Geeignete Karikatur

Durchführung:

Schüler brauchen bei Karikaturen als gängiges Medium des sozialwissenschaftlichen Unterrichts einen Leitfaden, der ihnen bei der Interpretation hilft, da es häufig an Fähigkeiten und Wissen mangelt, welche für die Klärung nötig sind. Folgende Leitfragen haben sich in der Praxis bewährt:

1. Reine Beschreibung der Darstellung unter Berücksichtigung von Mimik, Gestik, Aussagen, Text ...
2. Deutung von Symbolen und ihrer Bedeutung, Erkennen von Personen ...
3. Einordnung in den (aktuellen) politischen / wirtschaftlichen Kontext
4. Klärung der Intention des Zeichners, seiner wertenden Haltung

Konkretes Unterrichtsbeispiel:

1. Eine junge, gut gekleidete Frau hält ein schreiendes Baby in den Armen. Zusätzlich ist sie mit einem Einkaufskorb und einer Einkaufstasche beladen. Ihr Gesichtsausdruck ist erschrocken und gestresst. Von links fliegt ein riesiger Sack ins Bild, auf dem „Gleiche Chancen im Beruf" steht, und ist kurz davor, die junge Frau zu treffen. Die Person, die den Sack wirft, ist nicht zu sehen. Lediglich eine Sprechblase mit dem Text „He, fang!" erscheint im Bild links unten. Dies ruft offenbar die werfende Person.
2. Die Frau steht für die Generation junger Mütter, die Kinderbetreuung und Haushalt vereinbaren müssen. Der Sack symbolisiert die berufliche Chancengleichheit, die erschlagend auf die junge Frau wirkt – symbolisch dafür ist, dass sie keine Hand frei hat, um den Sack zu fangen. Ihr überforderter, gestresster Gesichtsausdruck steht für die Überforderung der Mütter.
3. Diskussion über die Gleichstellung von Mann und Frau sowie die Vereinbarkeit von Familie und Beruf.
4. Der Zeichner erkennt die Überforderung junger Mütter und prangert an, dass die Chancengleichheit im Beruf in der Wirklichkeit oft nicht gegeben ist.

Meinungsbild / Stimmung in der Klasse erfassen und ggf. Veränderung nach der Unterrichtssequenz aufzeigen

Je nach gewählter Form kein Material bzw. Folie, Tafel, Klebepunkte

Durchführung:

Bei der Meinungslinie wird eine These in den Raum gestellt und ein Kontinuum zwischen Zustimmung und Ablehnung zu dieser These visualisiert, meist in Form eines Striches. Nun müssen die einzelnen Schüler sich entlang dieser Meinungslinie positionieren. Dies kann in folgenden Varianten geschehen:

1. durch Ankreuzen an der Tafel,
2. durch Aufstellen im Raum (z. B. Fensterseite Pro, Türseite Kontra),
3. via Overheadfolie,
4. durch Klebepunkte auf einem Plakat.

Die Varianten 1 und 2 haben den Vorteil, dass sich die Schüler bewegen können. Dafür kann man die Veränderung am Ende der Sequenz nicht aufzeigen.
Die Varianten 3 und 4 haben den Vorzug, dass man eine Veränderung in der Haltung sehr schön vergleichend aufzeigen kann.

Ferner können nach der Positionierung einzelne Schüler zu Wortbeiträgen aufgefordert werden, warum sie ihren Punkt an die entsprechende Position gesetzt haben. Am Ende der Sequenz kann eine zweite Meinungslinie gebildet werden, woraufhin die evtl. Veränderungen besprochen werden.

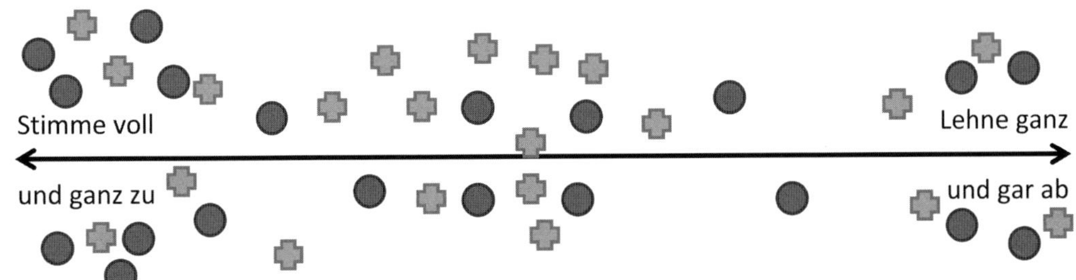

Konkretes Unterrichtsbeispiel:

Die Schüler sollen ihre Meinung zum Thema Steuersenkung wiedergeben. Hierzu erhalten sie rote Klebepunkte, die auf ein vorgefertigtes Plakat geklebt werden. Am Ende der Sequenz erhalten die Schüler grüne Klebepunkte, sodass die Veränderung der Meinung gut ersichtlich ist.

Ideen sammeln
Vorwissen abrufen

Plakate mit vorgefertigten Impulsen

Durchführung:

Beim Schreibgespräch formuliert die Lehrkraft mehrere Impulse zu einem Thema und notiert diese auf Plakaten. Die Impulse können zu vervollständigende Sätze, Thesen, Kommentare oder Ansichten sein. Die Plakate werden im Klassenzimmer ausgelegt und die Schüler müssen nun in einer vorgegebenen Zeit von Plakat zu Plakat laufen und ihre Stellungnahmen abgeben. Diese können wiederum auch kommentiert werden. Auch kleine Zeichnungen oder Symbole sind möglich. Schließlich werden die Poster einzelnen Gruppen zugelost, die sie dann dem Plenum vorstellen.

Konkrete Unterrichtsbeispiele:

Fünf Impulse für ein Schreibgespräch zum Thema Armut

- Arm zu sein heißt für mich ...
- Wer arm ist, ist selbst schuld!
- Was hilft gegen Arbeitslosigkeit?
- Was macht die Bundesagentur für Arbeit für mich?
- Ohne Arbeit – Folgen für den Staat

20 Min.

Andersartiger Zugang zu einem Thema

Keine weiteren Materialien erforderlich

Durchführung:

Beim Standbild wird im ersten Schritt bewusst auf die verbale Ebene verzichtet, was einen vielfach anderen Zugang zu einem Thema eröffnet. Nachdem der Klasse die Ausgangslage erklärt wurde, wird ein „Bildhauer" gewählt bzw. bestimmt, der seine Mitschüler nonverbal zu einem Standbild seiner Vorstellung formt. Hierbei müssen Haltung, Gestik, Mimik und Positionierung vermittelt werden. Gegenstände des Klassenzimmers können mit eingebaut werden. Die Schüler des Standbildes können vom „Bildhauer" entsprechend seinen Vorstellungen ausgesucht werden. Wichtig ist, dass sich sowohl die Mitschüler als auch die Zuschauer passiv verhalten und nicht reden. Ist die Gestaltung des Arrangements beendet, verharren die Spieler für ca. 30 Sekunden, während die Zuschauer Zeit haben, das Werk in Ruhe zu betrachten. Nun wird das Bild besprochen. Die Zuschauer beginnen mit ihrer Interpretation, gefolgt von den Mitspielern, die ihre Eindrücke wiedergeben. Zum Schluss wird der „Bildhauer" nach seiner Intention gefragt. Sollen mehrere Standbilder angefertigt werden, z. B. durch eine Teilung der Klasse in Gruppen, empfiehlt es sich, Fotos zu machen, da dies die vergleichende Interpretation erleichtert.

Konkrete Unterrichtsbeispiele:

Mögliche Unterrichtsbereiche, in die gut mit Standbildern eingestiegen werden kann:

- Konsumentscheidungen
- Wandel der Arbeitswelt
- Kundenorientierung
- Die Börse

Einstiegsmethode, die Vorwissen oder Vermutungen stichwortartig zur Sprache bringt

Ggf. Karteikarten / Overheadfolie / Flipchart etc. zum Fixieren der Äußerungen

Durchführung:

Die Lehrkraft stellt ein Frage, einen Begriff, ein Problem, ein Thema etc. in den Raum. Die Schüler sollen nun hierauf möglichst spontan ihre Assoziationen und Ideen äußern. Alte Denkstrukturen sollen aufgebrochen und gerade auch Unkonventionelles soll genannt werden. Die möglichst knapp formulierten Schüleräußerungen dürfen dabei nicht kommentiert oder bewertet werden. Je nach Intention können die Aussagen auf verschiedenen Medien festgehalten werden. Sollen die Begriffe später noch geordnet werden, so bieten sich Karten an. Möchte man allerdings lediglich einen ersten Überblick zum Thema einholen, so können die Begriffe auch einfach an der Tafel fixiert werden. Eine Fixierung auf Folie / Flipchart bietet sich immer dann an, wenn die Sammlung am Ende einer Sequenz wieder herangezogen werden soll. Damit das Brainstorming zügiger abläuft, wird ein Schüler mit der Niederschrift der Äußerungen betraut, sodass der Lehrer besser moderieren kann.

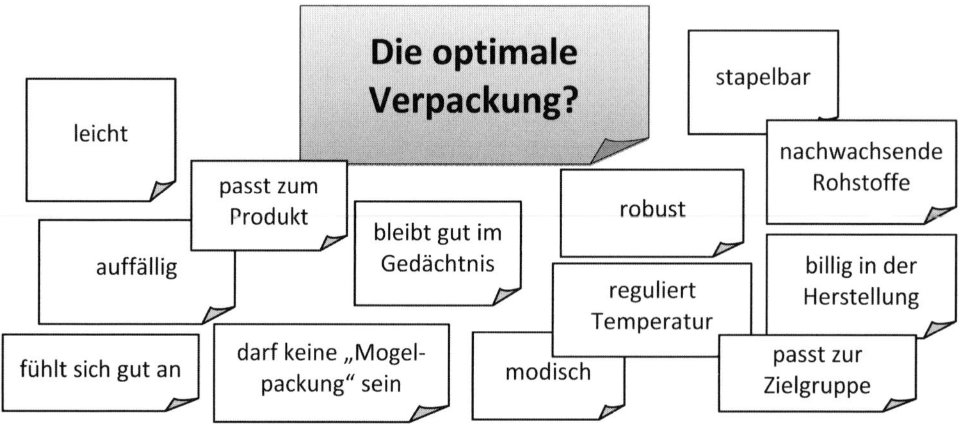

Konkretes Unterrichtsbeispiel:

Im Rahmen einer Sequenz zum Thema „Wirtschaftliche Aspekte der Produktgestaltung“ soll über die Gestaltung der Verpackung nachgedacht werden. Die Schüler äußern ihre Ideen, welche auf Karteikarten fixiert werden. Im Anschluss können diese nun nach Themenbereichen (Marketing, Umweltaspekte, Kosten ...) sortiert und später aufbereitet werden.

  30 Min. 

Ideenfindung

Ggf. vorstrukturiertes Ideenblatt

Durchführung:

Bei dieser Ideenfindungsmethode werden Sechsergruppen gebildet. Jeder Schüler erhält ein Blatt (oder fertigt dieses schnell selbst an), auf welchem er in drei Spalten drei Ideen bzw. Lösungsvorschläge zu einem gegebenen Thema schreibt. Nach einer fest vorgegebenen Zeit gibt er das Blatt an seinen Nachbarn weiter. Nun kommentiert oder ergänzt jeder Schüler die Ideen des Vorgängers in der zweiten Zeile. Danach geht das Blatt weiter zum nächsten Gruppenmitglied. Dieses liest nun das gesamte Brainwriting-Blatt und nimmt nun seinerseits weitere Kommentierungen vor. Insgesamt wechselt das Blatt fünfmal von einer Person zur anderen. Wichtig ist, dass die Schüler nicht miteinander reden dürfen. Ferner sollten die Schüler auf eine saubere Schrift achten. Schließlich besprechen die Gruppen die Ideen, die auf den sechs Blättern ausgeführt wurden, und stellen die besten Gedanken der Klasse vor.

BRAINWRITING **Ein Standort für die Solarzellenfabrik?**			
Schüler	**Idee 1**	**Idee 2**	**Idee 3**
Hans	gute Verkehrsanbindung	Rohstoffe	Fördermittel vom Staat
Peter	Autobahndreieck	Was braucht man eigentlich für Solarzellen?	also Subventionen
Lara	oder Binnenschifffahrt	glaube Quarzsand	vielleicht in den neuen Bundesländern
Susi	Wassertransport ist nicht so wichtig	Naja, der muss dann sowieso importiert werden	oder als Kooperation mit einer Universität
Klaus			
Jan			

Konkrete Unterrichtsbeispiele:

Mögliche Fragestellungen, für die man die 6-3-5-Methode nutzen kann:

- Gefahren beim Einkauf im Internet
- Was schützt vor Arbeitslosigkeit?
- Marketingmaßnahmen

Kreative Erarbeitung von Lösungswegen

Formulierung einer umgekehrten Problemstellung

Durchführung:

Wie der Name schon vermuten lässt, wird bei dieser Methode erst einmal alles auf den Kopf gestellt. Die eigentliche Problemstellung wird invertiert und somit gegensätzlich formuliert. Bezogen auf das ursprüngliche Problem wird also nach destruktiven Lösungsvorschlägen gesucht. Diese ins Gegenteil verkehrten Fragestellungen können helfen, neue Wege zu beschreiten und alte Strukturen aufzubrechen.

Für die Erarbeitung bietet es sich an, die pervertierte Fragestellung mit den Schülern zu besprechen und an die Tafel zu schreiben, sodass sie stets präsent ist. Die Sozialform bzw. die Methode für die konkrete Erarbeitung sollte in Abhängigkeit von Zeit und methodischen Kenntnissen der Klasse erfolgen.

ursprünglicher Vorschlag	invertiert	Lösungsvorschlag
hohe Steuern	niedrige Steuern	Unternehmenssteuern senken
viel Bürokratie	wenig Bürokratie	Bürokratieabbau Online-Verwaltung
schlecht qualifizierte Arbeitskräfte	gut qualifizierte Arbeitskräfte	hohe Investitionen in Bildungssystem, Schulsystementwicklung
hohe Lohnnebenkosten	niedrige Lohnnebenkosten	Sozialversicherungssystem von den Löhnen entkoppeln
schlechte Infrastruktur	gute Infrastruktur	Ausbau von Infrastruktur
…		

Konkrete Unterrichtsbeispiele:

- Unter diesen Umständen investiere ich nicht in Deutschland!
- Diesen Arbeitnehmer würde ich nicht einstellen!
- Was muss ein Betrieb tun, damit die Ausbildung richtig schlecht ist?
- So sieht eine richtig schlechte Bewerbung aus!

.1 Expertenbefragung (Expertengespräch)

45 Min.

Erarbeitung von Fachwissen

Fragenkatalog ... (s. u.)

Durchführung:

Eine Möglichkeit, den Unterricht nach außen hin zu öffnen, ist die Einladung eines Experten in den Unterricht. Schüler begegnen diesem Lernarrangement meist sehr interessiert, da sie Informationen aus erster Hand bekommen, die nicht durch die Lehrkraft didaktisch aufbereitet und somit nur indirekt vermittelt werden. Folgende fünf Schritte können als Leitfaden für die Durchführung eines Expertengesprächs dienen:

1. **Experten finden und vorbereiten:** Neben der Auswahl eines geeigneten Experten ist es ebenso wichtig, mit diesem den Termin mit der Klasse vorzubereiten: Was sind die Erwartungen an und von ihm? Welches Thema soll besprochen werden?
2. **Thematische Einarbeitung:** Die Klasse muss auf den Themenkomplex inhaltlich vorbereitet werden, zu dem der Referent eingeladen wird.
3. **Fragen vorbereiten:** Für Schüler ist es hilfreich, wenn sie einen vorbereiteten Fragenkatalog haben. So wird die Hemmschwelle einer freien Formulierung abgebaut. Ferner empfiehlt es sich, allgemeine Verhaltensregeln mit der Klasse vorab zu besprechen (z. B. dass sich der Klassensprecher nach dem Besuch beim Referenten im Namen der Klasse bedankt).
4. **Expertengespräch:** Ist die Sitzordnung ggf. anzupassen (z. B. Stuhlkreis)? Benötigt der Experte spezielle Medien (z. B. Beamer)? Ist ein Getränk bereitgestellt?
5. **Ergebnisse verarbeiten:** Im folgenden Unterricht müssen die Ergebnisse der Befragung nachbearbeitet und ggf. gesichert (z. B. Wandzeitung, Zeitungsartikel) werden.

Konkrete Unterrichtsbeispiele:

Im wirtschaftlichen Bereich bieten sich z. B. folgende Experten an:

- Bankkaufmann
- Mitarbeiter der Verbraucherzentrale
- Richter (für den Rechtsbereich)

Wiederholung und Festigung von Wissen aus gelesenem Text

Präparierter Text mit Faltstreifen

Durchführung:

Bei dieser Form der Unterstützung im Leseverständnis wird den Schülern ein Text mit eingebauter Selbstkontrolle präsentiert. Diese befindet sich in einem Randstreifen, der zunächst umgeknickt wird. Die Schüler lesen den Text also zuerst ganz normal. Dann drehen sie das Blatt um und bearbeiten aus dem Gedächtnis die Aufgaben auf dem Streifen. Der Text ist nicht zu sehen. Schließlich falten die Schüler das Blatt wieder auf und kontrollieren anhand des Textes ihre Antworten.

Konkretes Unterrichtsbeispiel:

IM FOKUS: Subventionen

[...] In der Regel aber versteht man hierunter Zuwendungen, die der Staat bestimmten Unternehmen oder Wirtschaftszweigen ohne direkte Gegenleistung gewährt. Im jüngst veröffentlichten Subventionsbericht der Bundesregierung [...] wird eine eher enge Abgrenzung gewählt. Hier konzentriert sich der Subventionsbegriff auf Leistungen des Bundes zur Förderung privater Unternehmen und Branchen, die in Form von Finanzhilfen (direkte Geldleistungen) oder durch Steuervergünstigungen entrichtet werden und die Wirtschaft beeinflussen. Allgemeine Staatsausgaben wie z. B. die Sozialpolitik, aber auch der Ausbau der Infrastruktur werden dabei ausgeblendet. Ebenso wenig werden etwa Aufwendungen für die Grundlagenforschung, Zuschüsse an Bundesunternehmen oder Bundesbürgschaften von der Bundesregierung als Subventionen gewertet.

Als Subventionsempfänger wiederum werden nicht nur Unternehmen, sondern auch private Haushalte angesehen, und zwar dann, wenn die Begünstigung unmittelbar auf die Beeinflussung eines Teils der Wirtschaft zielt. Dies ist z. B. bei der Eigenheimzulage der Fall, die zwar Anfang 2006 abgeschafft wurde, aber noch für einige Jahre all jenen ausgezahlt wird, die sie bis Ende 2005 beantragt haben. Das Wohngeld hingegen fällt nicht in jene Kategorie, da mit diesem vorrangig soziale Zwecke verfolgt werden.

www.schulbank.de - Newsletter 06/2006 (Zugriff: 05.09.2011)

1) Warum ist der Bauauftrag für eine Straße keine Subvention?

____

____

2) Kreuze alle Subventionen an!
- ○ Zuschuss zur deutschen Rentenversicherung
- ○ Steuererleichterung für Solarzellenhersteller
- ○ Geld für die Universität
- ○ Zuschuss zu Elektroautos
- ○ Bürgschaft für griechische Staatsanleihen

3) Vervollständige den Lückentext!

Im __________ Bereich sprechen wir nur dann von Subventionen, wenn die __________ auf eine Beeinflussung der Wirtschaft zielt und zwar __________.

Nachbesprechung eines Films

Filmwürfel

Durchführung:

Zur Vermittlung von Unterrichtsinhalten gibt es neben den gängigen Schulproduktionen und Dokumentationen immer wieder auch Spielfilme, die es sich lohnt, mit den Schülern im Kino oder in der Schule anzusehen. Diese Methode dient als Einstieg zu einer Nachbesprechung von Filmen. Hierzu finden sich Gruppen von ca. sechs Schülern zusammen, die jeweils einen Filmwürfel erhalten. Innerhalb der Gruppe wird nun reihum gewürfelt und die Schüler vervollständigen bezogen auf den Film den jeweiligen Satz. Nach einer fest vorgegebenen Zeit (ca. zehn Minuten) wird die Gruppenarbeit aufgelöst und ein Gruppensprecher trägt eine Auswahl der erstaunlichsten Antworten der jeweiligen Gruppe vor.

Neben der reinen Inhalts- und Sachebene des Films kann auch filmische Syntax und Gestaltung in die Analyse mit einbezogen werden. Gerade für diesen Bereich wird über den Filmwürfel ein guter Zugang geboten.

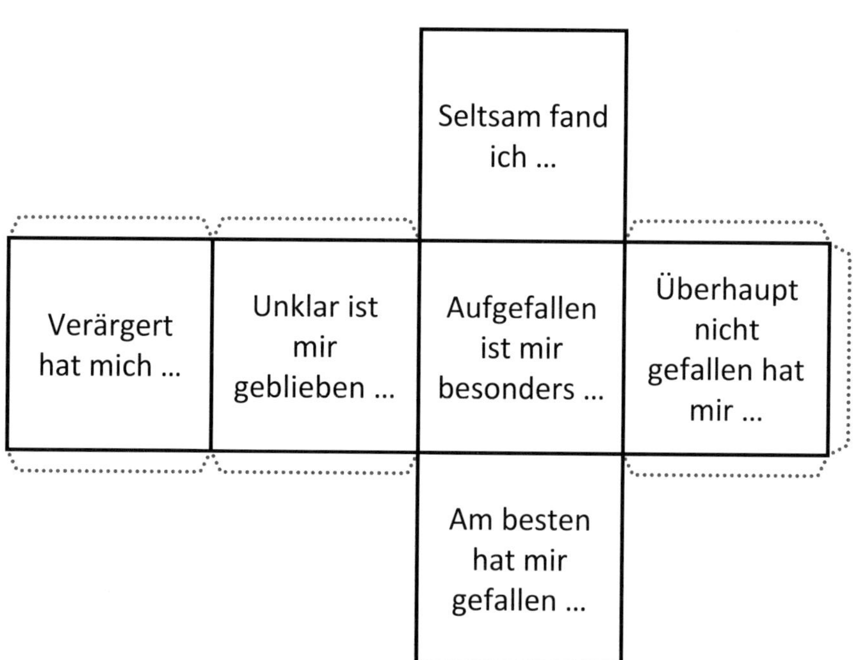

3.4 **Think – Pair – Share** (Ich – Du – Wir, 1 – 2 – alle)

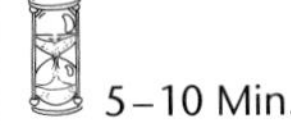

Variante des Lehrer-Schüler-Gesprächs, die eine Schülerbeteiligung aller Schüler bewirkt

Keine weiteren Materialien erforderlich

Durchführung:

Während das klassische Lehrer-Schüler-Gespräch nur zwischen einem/wenigen Schüler(n) und dem Lehrer stattfindet, bewirkt diese Methode aus dem Bereich des kooperativen Lernens eine weitaus höhere Schülerbeteiligung. Wie der Name schon andeutet, verläuft die Methode in drei Phasen:

1. Es wird ein Arbeitsauftrag/eine Frage an die Schüler gerichtet, die diese vorerst alleine bearbeiten. Dies kann auch schriftlich erfolgen. (Think)
2. Daraufhin findet ein Austausch mit dem Banknachbarn über die Ergebnisse statt. Der eine Partner trägt seine Ergebnisse vor, der andere korrigiert und ergänzt diese. (Pair)
3. Schließlich werden die Ergebnisse im Plenum vorgestellt. Der Lehrer moderiert und ruft die Ergebnisse von verschiedenen Gruppen ab. (Share)

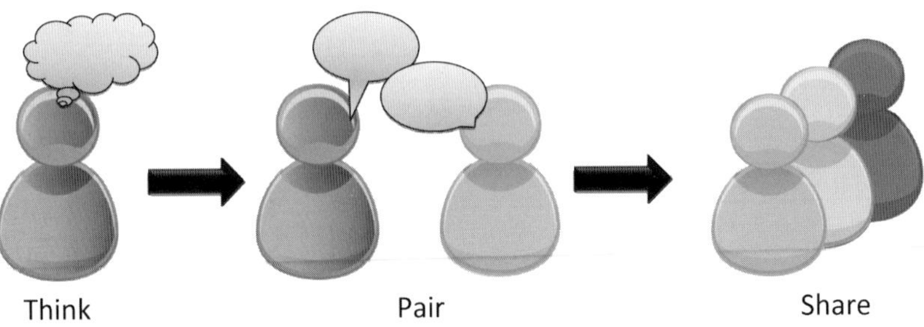

Konkretes Unterrichtsbeispiel:

Die Schüler erhalten BGBs und bearbeiten mithilfe der Seiten zum Bereich des Taschengeldparagrafen (§ 110 BGB) verschiedene Fallbeispiele. Sie sollen entscheiden, ob ein wirksames Rechtsgeschäft zustande gekommen ist.

Nach der Einzelarbeit der ersten Phase tauschen sie sich mit dem Nachbarn über ihre Ergebnisse aus. In der letzten Phase erfolgt der Vortrag von einzelnen Gruppen im Plenum. Die Ergebnisse können gesichert werden.

Lernleistung beim Lesen von Texten erhöhen

Text
Schulbuch

Durchführung:

Diese Methode ist weniger als Lesetechnik für die Erarbeitung von Lerninhalten während der Unterrichtsstunde gedacht, als vielmehr eine Hilfe für die häusliche Nachbereitung. Gerade hier dienen häufig Übersichtstexte des Schulbuchs als Wiederholung. Die Lesetechnik verläuft in fünf Schritten:

1. **Grob überfliegen:** Haupt- und Teilüberschriften werden als Erstes gelesen und im Hinterkopf behalten. Absätze werden kurz angelesen.
2. **Fragen stellen:** Es werden Fragen an den Text formuliert. Was soll der Text klären? Welches Vorwissen liegt vor? Welche Fremdwörter müssen geklärt werden?
3. **Gründliches Lesen:** Schlüsselbegriffe markieren, Absätze am Rand zusammenfassen, Fremdwörter nachschlagen.
4. **Wichtiges zusammenfassen:** Nach der gründlichen Lektüre des Textes wird dieser auf einem separatem Blatt zusammengefasst. Evtl. wird eine Mindmap erstellt.
5. **Abschließendes Wiederholen:** Der Textinhalt wird eigenständig wiedergegeben. Die Notizen der Zusammenfassung werden ggf. verdichtet. Die in der zweiten Phase gestellten Fragen werden beantwortet.

Bei der Einführung dieser Technik sollte man sich unbedingt Zeit nehmen und an einem konkreten Text üben. Eine ausführliche Besprechung der Gründe und Folgen für diesen Methodeneinsatz hilft Schülern sehr, die Verwendung dieser Methode zu verstehen.

15 Min.

3.6 Grafik ergänzen

Erarbeitung neuer Lerninhalte

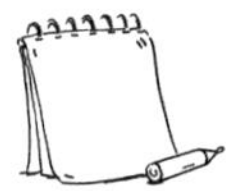

Grafik mit Lücken
Passender Text

Durchführung:

Die Klasse erhält ein Arbeitsblatt, welches einen schematisch strukturierten Überblick über einen Sachverhalt darstellt. An wesentlichen Stellen fehlen allerdings Bezeichnungen von Organisationen oder Beziehungen. Diese müssen die Schüler nun in Verbindung mit einem Informationstext herausfinden und in die entsprechenden Lücken eintragen. Je nach Komplexität der Darstellung können die einzusetzenden Wörter oder aber auch nur deren Silben vorgegeben werden. Teilweise empfiehlt es sich auch, einzelne Elemente vorzugeben, um einen Hinweis für die Art der einzusetzenden Begriffe zu haben. Die Ergebnisse werden z. B. mittels einer Lösungsfolie verglichen.

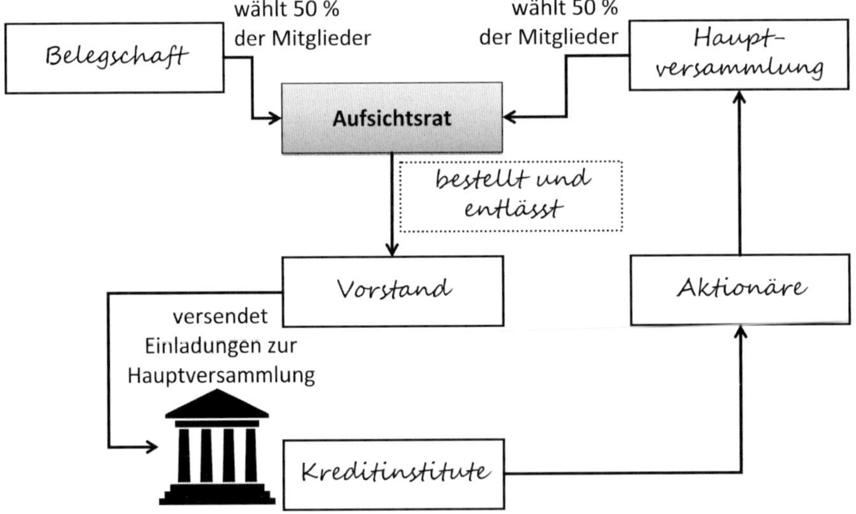

Konkrete Unterrichtsbeispiele:

Bei folgenden Themen könnte man diese Methode einsetzen:

- Die Aktiengesellschaft
- Ablauf eines Tarifkonfliktes
- Der Wirtschaftskreislauf
- Kündigung unter Mitwirkung des Betriebsrates

15 Min.

Erarbeitung eines Teillernziels
Anregung zum Nachdenken

Ausgearbeitete Impulskarten

Durchführung:

Bei den Impulskarten handelt es sich, wie der Name schon sagt, um Karten, die den Schülern einen Denkimpuls in eine gewisse Richtung geben sollen. Meist sind auf den Karten kleine Bilder oder Diagramme abgebildet, aber auch prägnante Schlagzeilen könnten die Schüler in die gewünschte Richtung lenken. Zur Methodenumsetzung finden sich die Schüler in Paaren bzw. Kleingruppen zusammen und erhalten einige Impulskarten, welche sie dann in der Gruppe hinsichtlich einer Fragestellung interpretieren. Im Gegensatz zur direkten Textarbeit sind oft viele Interpretationen der Impulskarten möglich, sodass auch unvorhergesehene Lösungen in den unterschiedlichen Gruppen zutage treten können. Die Ergebnisse werden dann im Plenum besprochen.

Konkretes Unterrichtsbeispiel:

Die obigen Impulskarten wurden zu einer Unterrichtseinheit mit dem Thema „Arten von Arbeitslosigkeit" erstellt.

3.8 Lauftext

30 Min.

Wiederholung und Festigung von Wissen aus gelesenem Text

Text mit zugehörigen Frage-Antwort-Kärtchen

Durchführung:

Diese Methode hilft, die Arbeit mit Texten für die Schüler etwas aufzulockern und für etwas Bewegung zu sorgen. Die Schüler lesen den Informationstext und erhalten daraufhin Frage-Antwort-Kärtchen, je Schüler eine Karte. Nun bilden sich im Klassenzimmer Paare. Diese stellen sich gegenseitig die Fragen, beantworten sie und korrigieren sich gegebenenfalls. Sind beide Fragen korrekt beantwortet, werden die Karten getauscht und die Schüler suchen sich einen neuen Partner.

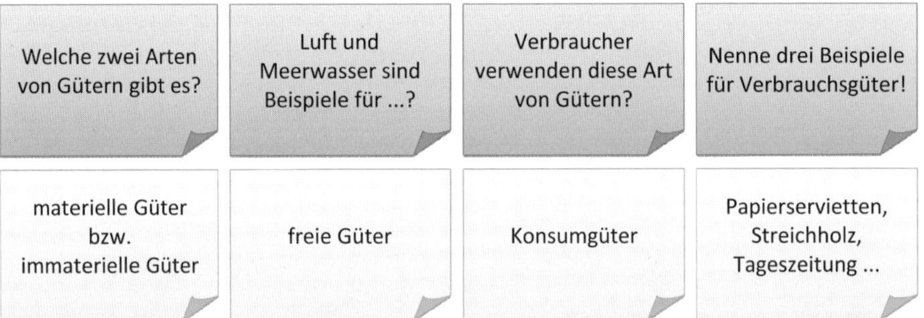

Konkretes Unterrichtsbeispiel:

Welche Güter lassen sich unterscheiden?
Die Mittel, mit denen Bedürfnisse befriedigt werden können, heißen Güter. Sie können entweder Sachgüter (materielle Güter, Waren) oder Dienstleistungen (immaterielle Güter) sein. Nicht jeder Gegenstand und nicht jede Tätigkeit an sich ist schon ein Gut. Güter werden sie erst, wenn sie vom Menschen nachgefragt werden, das heißt, wenn sie einen Nutzen bringen. Nur die wenigsten Güter stellt uns die Natur in unbegrenzter Menge und ohne Gegenleistung zur Verfügung, z. B. Luft und Sonnenlicht. Man spricht in diesem Fall von freien Gütern. Ihr Vorrat ist in genügender Menge vorhanden, wenn auch die Reinheit, z. B. der Luft, verständlicherweise zu einem erstrebenswerten Gut wird. Die nur beschränkt vorhandenen Güter heißen knappe oder wirtschaftliche Güter. Wir unterscheiden dabei Sachgüter und immaterielle Güter, die wiederum zu untergliedern sind in Dienstleistungen und Rechte wie Patente und Lizenzen. Güter, die wir als Verbraucher verwenden, werden als Konsumgüter bezeichnet. Dienen Güter jedoch dazu, wieder andere Güter zu produzieren, so spricht man von Produktionsgütern. Es handelt sich hierbei also um Güter, die bei der Güterherstellung (Produktion) oder der Güterverteilung (Distribution) eingesetzt werden. Sowohl die Konsumgüter als auch die Produktionsgüter können Gebrauchs- oder Verbrauchsgüter sein. Gebrauchsgüter können über mehrere Zeitabschnitte (z. B. Jahre) hinweg „gebraucht" werden. Verbrauchsgüter werden in einem einmaligen Verbrauchvorgang vernichtet. Der Mantel wird über mehrere Jahre hinweg getragen, genauso wird das Messer über längere Zeit gebraucht, dagegen werden die Papierservietten, das Streichholz und die Tageszeitung nur einmalig verwendet.

Günther Schnürch, in: Geno Schul-Info, Grundlagen der Wirtschaft – Teil 2. Lehrerbegleitheft A2, hg. vom Württ. Genossenschaftsverband Raiffeisen/Schulze-Delitzsch e. V., Stuttgart o. J. u. S.

Bearbeitung von Themenaspekten
Wiederholen

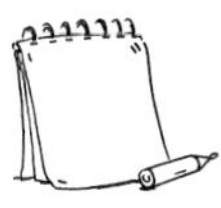

Materialien für die Stationen

Durchführung:

Bei dieser aus dem WELL-Bereich (Wechselseitiges Lehren und Lernen) stammenden Methode wechseln sich Phasen von Einzel- und Partnerarbeit wie folgt ab:

- Während der Einzelarbeit bearbeitet der Schüler eine Aufgabe 1 in seinem eigenen Lerntempo. Hat er die Aufgabe erledigt, wartet er an Bushaltestelle 1 auf einen Mitschüler, der ebenfalls Aufgabe 1 beendet hat.
- Nun folgt eine Partnerarbeit dieser beiden Schüler, bei welcher sie sich über die Aufgabe austauschen, die Ergebnisse überprüfen und gegenseitig Korrekturen vornehmen. Für diese Arbeitsphase suchen sie sich einen freien Bereich im Klassenzimmer. Ist dies erledigt, können die beiden Schüler zur nächsten Aufgabe voranschreiten.

Diese beiden Grundarbeitsschritte wiederholen sich je nach Aufgabenanzahl. Zur Visualisierung der Treffpunkte nach jeder Aufgabe bieten sich Haltestellenschilder an. Die Schüler sollten unbedingt darauf hingewiesen werden, dass Tempounterschiede normal sind und sie nicht auf Freunde oder Banknachbarn warten sollen.

Konkretes Unterrichtsbeispiel:

Lerntempoduett zum Themenbereich Leasing:

- H1 – EA: Die Schüler erarbeiten aus einem Text Pro- bzw. Kontra-Argumente zum Thema Leasing.
- H1 – PA: Die Schüler vergleichen ihre Ergebnisse und nehmen ggf. Ergänzungen vor.
- H2 – EA: Die Schüler erarbeiten den Buchungssatz zur Erfassung von Leasingvorgängen.
- H2 – PA: Die Schüler vergleichen wieder ihre Ergebnisse und ergänzen diese.
- H3 – EA: Die Schüler arbeiten an Übungsaufgaben aus dem Themengebiet.
- H3 – PA: Die Schüler vergleichen wieder ihre Ergebnisse und ergänzen diese.
- ...

3.10 Lernzirkel (Stationenlernen)

Erarbeitung eines neuen Themas
Wiederholung

Materialien für die Stationen

Durchführung:

Bei dieser Form des Lernarrangements werden im Klassenzimmer verschiedene Stationen eingerichtet, an denen unterschiedliche Materialien ausgelegt sind, mit denen sich die Schüler ein Themengebiet selbstständig erarbeiten bzw. es in Form eines Übungszirkels wiederholen. Im Idealfall sprechen die verschiedenen Stationen unterschiedliche Lerntypen an (visuell, audiovisuell ...), sodass unterschiedliche Zugangswege zum Thema eröffnet werden. Bei großen Lernzirkeln bietet sich ein Laufzettel an, auf dem die Schüler (bzw. der Lehrer) die bereits bearbeiteten Stationen abzeichnen. Zur Differenzierung können auch Pufferstationen (P1, P2 – für schnelle Schüler) bzw. Auswahlstationen (S5a oder S5b – inhaltliche Differenzierung) eingerichtet werden. Lösungsmuster können direkt bei der Station bzw. am Lehrerpult ausgelegt werden.

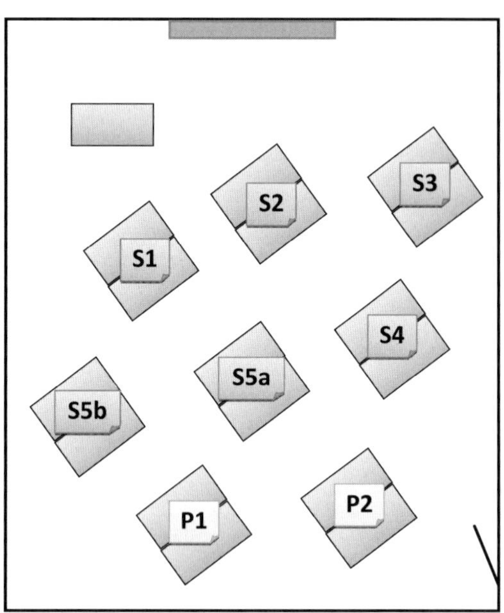

Konkretes Unterrichtsbeispiel:

Mögliche Stationen eines Lernzirkels „Personalbereich im Unternehmen“:

- S1: Herauslesen von Personenstandsmerkmalen aus Lohnsteuerkarten
- S2: Arbeiten mit der Lohnsteuertabelle (Fallbeispiele)
- S3: Buchungssätze aus dem Personalbereich
- S4: Textarbeit zu den Sozialversicherungen/Personalzusatzkosten
- S5a: Textarbeit zum Thema Personalmarketing
- S5b: Podcast: Facharbeitermangel
- P1: Kreuzworträtsel Fachbegriffe im Personalbereich
- P2: Strukturlegetechnik zu den Folgen steigender Personalzusatzkosten

Themeneinstieg, Erarbeitung von Definitionen oder eines Teillernziels

Wörter bzw. Satzglieder, die auf farbiges Papier geschrieben sind

Durchführung:

Die Mauerblümchenmethode ist eine stark gekürzte Form des Laufdiktats, bei der es darum geht, einzelne Wörter oder Satzglieder wieder zu einem sinnvollen Ganzen zusammenzufügen. Hierzu wird z. B. eine Definition in mehrere Teile zergliedert und auf verschiedene (Klebe-)Zettel geschrieben, welche im Klassenzimmer an verschiedenen Orten ausgelegt werden. Werden mehrere Satzeinheiten (z. B. mehrere Definitionen) gleichzeitig ausgelegt, so empfiehlt es sich, die zusammengehörigen auf verschiedenfarbiges Papier zu schreiben, was die Arbeitszeit verkürzt. Die Aufgabe der Schüler ist es nun, im Klassenzimmer umherzulaufen, die einzelnen Satzbausteine zusammenzusuchen und daraus die vollständigen Sätze zu bilden. Zu beachten ist hierbei, dass die Schüler lediglich an ihrem Platz schreiben dürfen. Dadurch sind sie gezwungen, sich die Satzbausteine genau einzuprägen. Kooperation mit Mitschülern ist erlaubt.

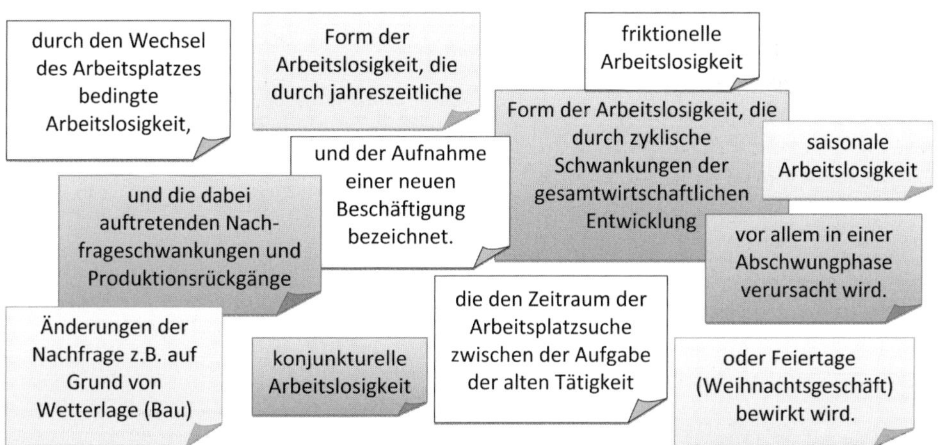

Konkretes Unterrichtsbeispiel:

Eine Unterrichtseinheit zum Thema Arbeitslosigkeit könnte die verschiedenen Arten von Arbeitslosigkeit beinhalten. Hierzu wurden u. a. die obigen drei Definitionen auf verschiedenfarbige Klebezettel geschrieben, welche an den Klassenzimmerwänden ausgehängt werden. Im Anschluss an die Mauerblümchenmethode werden dann Fallbeispiele zu den einzelnen Arten von Arbeitslosigkeit bearbeitet.

Themen erschließen und gliedern
Unterstützung beim Lernprozess oder bei Referaten

Papier / Plakat bzw. Computer mit geeigneter Software

Durchführung:

Bei einer Mindmap werden Teilinformationen um einen sogenannten Hauptknotenpunkt gruppiert. Unterpunkte können auf mehreren Ebenen hinzugefügt werden, sodass sich die Struktur immer weiter verzweigt. Dies ist vorteilhaft, da man immer tiefer in die Gliederung eintauchen kann, ohne das Hauptthema aus den Augen zu verlieren. Bei der computergestützten Variante ist ferner hilfreich, dass die einzelnen Knotenpunkte jederzeit verschiebbar sind, sodass aus einer Stoffsammlung (z. B. via Brainstorming) schnell eine Art Gliederung erstellt werden kann. Geeignete Software gibt es als Freeware, z. B. bei www.chip.de, im Downloadbereich. Mindmaps dienen neben der Erarbeitung von Themenbereichen im Unterricht auch als Lernhilfe bzw. Stütze für einen Vortrag.

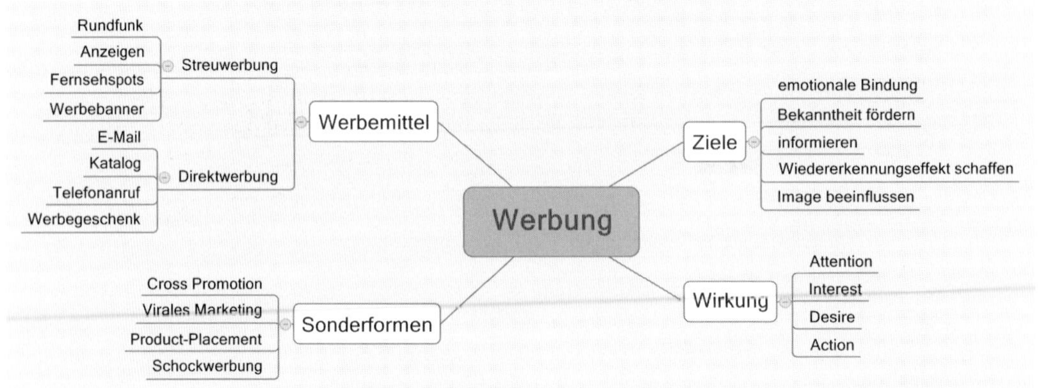

Konkretes Unterrichtsbeispiel:

Im Bereich Werbung kann bei den Schülern auf eine Menge Erfahrungen zurückgegriffen werden. Diese kann gerade bei den Werbemitteln recht einfach abgerufen werden, z. B. durch ein Brainstorming. Via Laptop und Beamer können Werbeformen in einem Mindmapping-Programm gesammelt werden. Eine Gliederung erfolgt später. Ziele können in einem Lehrer-Schüler-Gespräch erarbeitet werden. Für Wirkung und Sonderformen bietet sich eine Textarbeit an.

30 Min.

Einüben von Verhaltensweisen und Perspektivwechsel

Ggf. schriftliche Beobachtungsaufträge

Durchführung:

Im Unterschied zum Dialog wird den Schülern beim Rollenspiel kein konkreter Text vorgegeben, den diese nur vortragen. Vielmehr erarbeiten die Schüler aufbauend auf den Inhalten des Unterrichts ein kurzes szenisches Spiel, bei welchem ihnen die Rollen vorgegeben sind und tragen dieses dann der Klasse vor. Dem schließt sich eine Reflexionsphase an, in der die vorgetragene Szene analysiert und besprochen wird. Gezielte Beobachtungsaufträge für die Zuschauer (War die gespielte Rolle glaubwürdig? Was könnte verbessert werden?) helfen bei der Auswertung. Es ist darauf zu achten, dass allen drei Phasen ausreichend Zeit eingeräumt wird, da sonst das Spiel leicht zur reinen Show und Belustigung verkommt. Die Methode bietet sich vor allem für das Training von Konfliktsituationen an oder beim Einüben typischer Handlungsabläufe. Doch auch historische oder fantastische Dialoge sind denkbar.

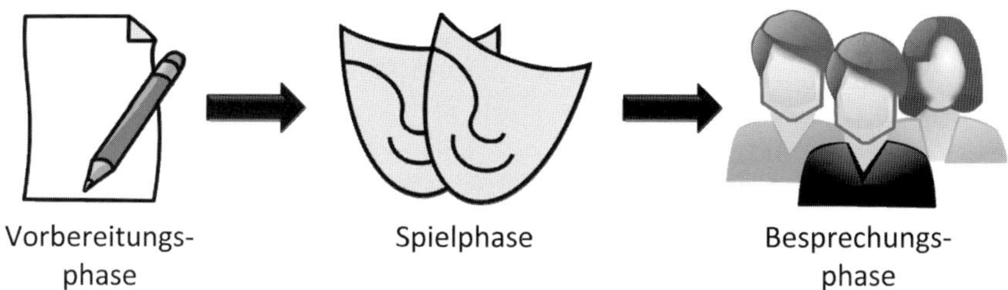

Konkrete Unterrichtsbeispiele:

- Gewährleistung: Anja hat vor acht Wochen einen Laptop gekauft. Bereits nach zwei Wochen ging das Laufwerk nicht mehr auf. Der Fehler wurde repariert. Jetzt, nach acht Wochen versagt der Bildschirm des Gerätes und das, wo Anja dringend einen Laptop braucht. Die Schüler simulieren das Gespräch im Laden.
- Vorstellungsgespräch: Tim hat sich bei einem hiesigen Unternehmen als Industriekaufmann beworben und wird zum Vorstellungsgespräch eingeladen. Dort bekommt er typische Fragen zu Beruf, Firma und Person gestellt.
- Beschwerde bei der Ausbildungsvertretung: Die Auszubildende Marga beschwert sich bei dem Ausbildungsvertreter Sören über ihren Ausbilder. Werkstattaufräumen am Freitagnachmittag, Semmeln für die Belegschaft kaufen und Botengänge: Muss sich Marga dies gefallen lassen?

Aufarbeitung von Diagrammen

Arbeitsblatt mit Diagramm und entsprechenden Aussagen

Durchführung:

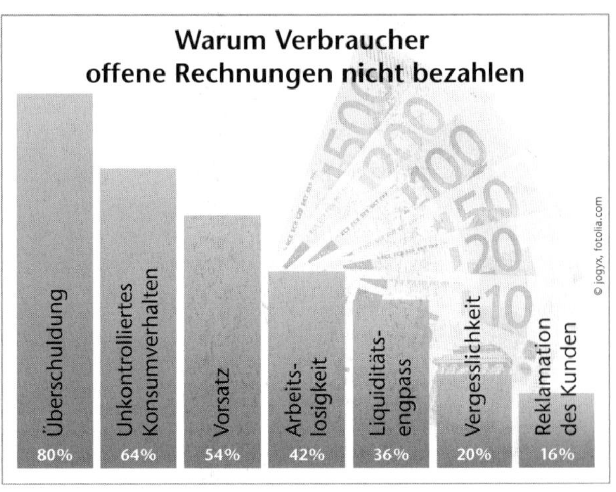

Die vermeintliche Klarheit von statistischen Darstellungen ist für Schüler häufig eine Herausforderung. Diese Methode schlägt eine Brücke zwischen dem Vorwissen der Schüler und den Zahlenreihen, indem sie konkrete Aussagen über Menschen, Lebensverhältnisse, Ereignisse und gesellschaftliche Entwicklungen als Bindeglied einsetzt. Neben dem Diagramm erhalten die Schüler eine Reihe von nummerierten Aussagen, die sie nun dem Diagramm zuordnen müssen. Dies geschieht am besten in Gruppenarbeit, da die Schüler über ihre Entscheidungen diskutieren und so vertieft reflektieren. Bei der Erstellung von lebendigen Diagrammen sollten folgende Hinweise berücksichtigt werden:

- Es empfehlen sich Diagramme, die Sachverhalte im Zeitverlauf darstellen. Am besten kann diese Entwicklung in Phasen eingeteilt werden.
- Die Aussagen sollten einen Bezug zu konkreten Personen haben und das Diagramm beschreiben, Hintergrundinformation liefern oder Schlussfolgerungen aufzeigen.

Konkretes Unterrichtsbeispiel:

Folgende Aussagen sind obigem Diagramm zuzuordnen:

1. „Man ist doch doof, wenn man sofort seine Sachen zahlt!“, sagt Sabine. „Da kassiere ich doch lieber länger die Zinsen!“
2. Wenn Harald heute zurückblickt, so sagt er, dass alles mit dem viel zu teuren Handyvertrag anfing. Dann kam ein geleaster Wagen, ein Fernseher auf Raten ...
3. „Da kam mal wieder alles auf einmal zusammen. Auto und Waschmaschine kaputt und für die Handyrechnung hat es in dem Monat einfach nicht mehr gereicht.“

15 Min.

Analyseinstrument zur Einordnung von Meinungen

Arbeitsblatt mit unterschiedlichen Meinungen

Durchführung:

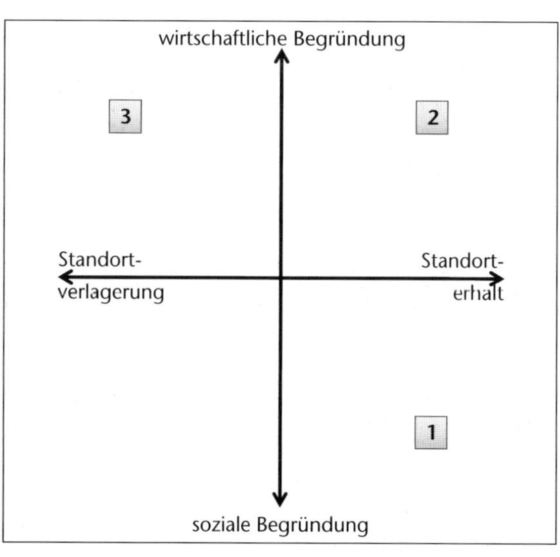

Wo immer Menschen Entscheidungen treffen, wo immer Konflikte ausgetragen werden, kommt die Frage nach den Gründen dieser unterschiedlichen Meinungen auf. Diese Methode hilft den Schülern bei der Analyse und differenzierteren Betrachtung von Werthaltungen und Bewertungsmaßstäben. Gerade die Tatsache, dass gleiche Entscheidungen auf unterschiedlichen Ansichten fußen können, ist mit dieser Methode gut darstellbar. Hierfür erhalten die Schüler verschiedene Aussagen, welche sie in ein horizontales Koordinatensystem zwischen den Polen „Entscheidung A" bzw. „Entscheidung B" eintragen müssen. In einem zweiten Durchgang müssen die Schüler nun wieder die Aussagen hinsichtlich eines – meist gegensätzlichen – Wertemaßstabes in einer vertikalen Achse eintragen (z. B. ökonomisch vs. ökologisch oder ökonomisch vs. ethisch). Schließlich wird jede Aussage als Koordinate eindeutig verortet. Als Sozialform bietet sich die Gruppenarbeit an, da so die Subjektivität in der Interpretation besser zutage tritt.

Konkretes Unterrichtsbeispiel:

Folgende Aussagen zum Thema Standortverlagerung sind zuzuordnen:

1. Hinter tausend Arbeitnehmern stecken tausend Familien. Diese würde ein Arbeitsplatzverlust wirtschaftlich schwer treffen.
2. Das Image des Produktes und damit das der Firma ist nun einmal Qualität und diese bekommen wir nur durch unsere erfahrenen, sauber arbeitenden Mitarbeiter.
3. Es ist nun mal nicht zu leugnen, dass das Lohnniveau am neuen Standort um ein Vielfaches unter dem deutschen liegt.

Einbettung von konkreten Ereignissen in den historischen Kontext

Quell- und Hintergrundmaterial
Ggf. Bastelutensilien

Durchführung:

Politische/wirtschaftliche Entscheidungen haben häufig eine historische Dimension, deren Auswirkungen noch heute spürbar sind. Solche Themen bieten sich daher gut für die Darstellung in Form eines Zeitstrahls an. Je nach Komplexität des Themas kann die Zeitleiste als Gesamtzusammenfassung am Ende einer Sequenz dienen oder aber ein Hilfsmittel für die Schüler sein, wenn sie sich einen historischen Sachverhalt erarbeiten sollen. Hierfür erhalten die Schüler einen Überblickstext, welcher die wichtigsten Ereignisse und Fakten darstellt. Gemäß konkreter Arbeitsaufträge erstellen die Schüler nun den Zeitstrahl und gestalten diesen mit passenden Grafiken und Bildern aus. Bei einer späteren Vorstellung im Plenum sollen die Schüler ihre Auswahl und Darstellung begründen. Je nach Thema kann der Zusatzauftrag erteilt werden, inwieweit sich die damaligen Entscheidungen auf die Gegenwart auswirken.

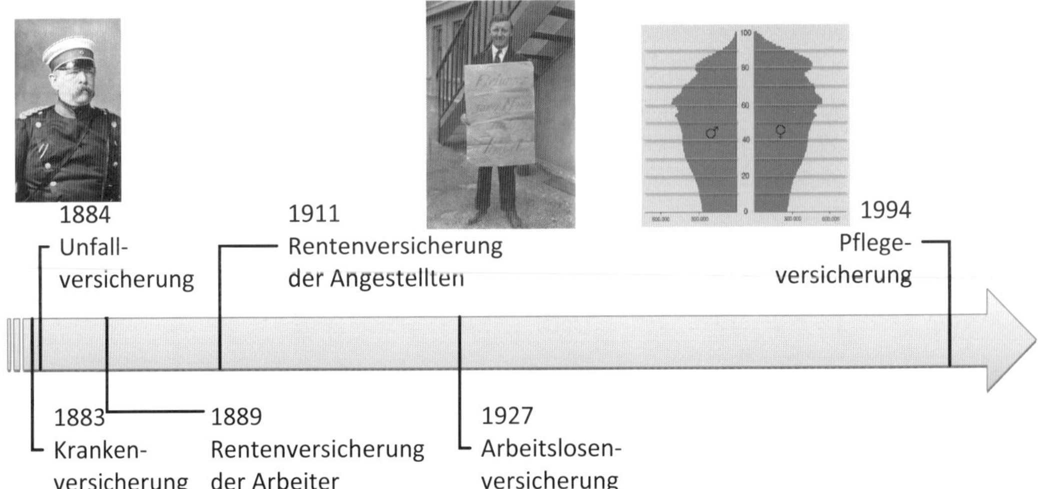

Konkrete Unterrichtsbeispiele:

- Die Sozialversicherungen
- Die Etappen der Euroeinführung
- Krisenmomente der deutschen Wirtschaft
- Die Geschichte des Geldes

.17 Gruppenpuzzle (Jigsaw, Expertenmethode)

45 Min.

Selbstständige Erarbeitung von neuem Lernstoff oder Wiederholung

Arbeitsmaterialien zur Erarbeitung und ggf. Sicherung für die Gruppen

Durchführung:

Das Thema wird von der Lehrkraft in verschiedene Teilbereiche gegliedert, z. B. vier Teilbereiche. Entsprechend stark werden die Stammgruppen besetzt (im Beispiel vier Schüler je Stammgruppe). In der ersten Phase bilden sich die verschiedenen Stammgruppen (hier A–D) und jeder Schüler sucht sich einen der Teilbereiche als Expertengebiet aus (alternativ verteilt der Lehrer die Bereiche). Nun beginnt die zweite Phase, in der sich die Stammgruppen auflösen und in ihren Expertengruppen das Wissen des entsprechenden Teilbereichs erwerben. Diese Phase beginnt in der Regel mit einer Einzelarbeit. Danach werden die neuen Erkenntnisse in der Expertengruppe diskutiert und Kurzvorträge für die Stammgruppen vorbereitet. In der dritten Phase kommen die Experten in ihre Stammgruppen zurück und geben das Expertenwissen an ihre Mitschüler weiter. Jetzt kann noch eine weitere Phase folgen, in der die gesamten Ergebnisse in der Stammgruppe gesichert werden, z. B. in Form eines Plakates.

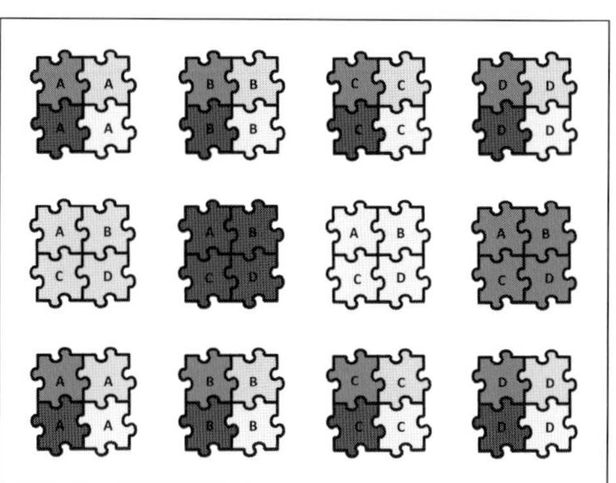

Phase 1: Stammgruppenbildung und Wahl der Expertenthemen

Phase 2: Wissenserwerb in den Expertengruppen

Phase 3: Weitergabe des Expertenwissens in der Stammgruppe

Konkretes Unterrichtsbeispiel:

Das Thema Arbeitszeitmodelle wird in sechs Teilbereiche aufgeteilt (Gleitzeit, Arbeitszeitkonto, Teilzeit, Jobsharing, Sabbatical, Telearbeit). Dementsprechend gibt es sechs Expertengruppen (1 – 6) und bei 30 Schülern fünf Stammgruppen (A – E). Nachdem sich in Phase 1 die fünf Stammgruppen gebildet haben und in diesen die sechs Expertenthemen verteilt wurden, gehen die Experten in Phase 2 in ihre Expertengruppen und arbeiten zu ihrem Thema (z. B. Sabbatical: Wie funktioniert dieses Arbeitszeitmodell? Was sind Vor- bzw. Nachteile? ...). In Phase 3 treffen sich nun die Stammgruppen wieder und jeder Experte berichtet von seinem Arbeitszeitmodell. Die Ergebnisse werden durch ein Arbeitsblatt gesichert.

3.18 Nutzwertanalyse (Scoring, Punktbewertung)

 Entscheidungsfindung

 Ggf. Folien / Flipchart für Gruppenpräsentation

Durchführung:

Oft sind im wirtschaftlichen, aber auch im privaten Bereich, Entscheidungen zu treffen. Die Nutzwertanalyse stellt ein System vor, durch das vielschichtige Entscheidungen transparenter werden. Nachdem die Methode den Schülern vorgestellt wurde, verläuft sie in fünf Phasen:

1. Kriterienauswahl: Es werden relevante Kriterien für die Entscheidung benannt.
2. Kriteriengewichtung: Die Kriterien werden gewichtet (Gewichtungssumme = 100 %).
3. Bewertungsmaßstäbe: Je Kriterium werden Maßstäbe benannt, wie die konkrete Ausprägung bepunktet wird (z. B. sehr gut – 6 Punkte; sehr schlecht – 1 Punkt).
4. Bewertung: Alle Alternativen werden gemäß den Bewertungsmaßstäben (Nr. 3) und der Gewichtung (Nr. 2) bewertet.
5. Auswertung: Die Ergebnisse werden ausgewertet und verglichen.

Nachdem das Endresultat vorliegt, können die Ergebnisse der Gruppen vorgestellt werden, so man in Gruppenarbeit gearbeitet hat. Diese werden schließlich im Plenum kritisch reflektiert und hinterfragt.

Kriterium	Gewichtung	Lieferant A		Lieferant B		Lieferant C	
		Punkte	gewichtet	Punkte	gewichtet	Punkte	gewichtet
Nähe	10	5	50	1	10	4	40
Preis	50	4	200	6	300	2	100
Qualität	20	4	80	2	40	6	120
Schnelligkeit	5	3	15	6	30	3	15
Service	15	4	60	3	45	4	60
Summe	100		405		425		335

Konkrete Unterrichtsbeispiele:

Weitere Einsatzbeispiele für die Nutzwertanalyse:

- Standortwahl in einem Unternehmen
- Entscheidung für Werbemaßnahmen
- Aktienanalyse
- Bewertung von Bewerbungen
- Bonitätsprüfung

.19 Placemat (Platzdeckchen, 4er-Skript)

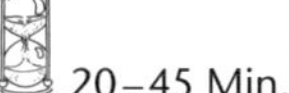
20–45 Min.

Verschiedene Meinungen / Aspekte zu einem Thema sammeln, verdichten und ggf. priorisieren

Ein Placemat je Gruppe
Ggf. weitere Arbeitsmaterialien (z. B. Text als Arbeitsgrundlage)

Durchführung:

Das Placemat ist eine Form des kooperativen Lernens. Nachdem sich Vierergruppen gebildet haben, beginnt die Methode mit einer Einzelarbeit, in der die Schüler einen Arbeitsauftrag (Vorwissen zu einer Fragestellung, Aspekte aus einem Text benennen ...) selbstständig bearbeiten und hierbei die Ergebnisse in ihrem Teil des Platzdeckchens sichern. Nach Ende dieser Arbeitsphase stellen die einzelnen Schüler ihre Ergebnisse vor und diskutieren diese bzw. berichtigen sich gegenseitig. Daraufhin werden die wichtigsten Ergebnisse im Mittelteil des Placemat festgehalten (ggf. nach Bedeutung geordnet) und anschließend dem Plenum vorgestellt.

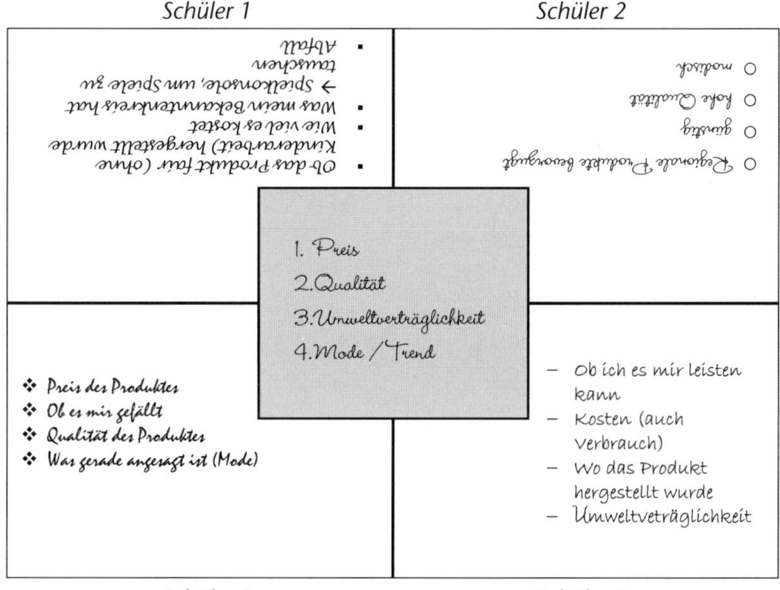

Konkretes Unterrichtsbeispiel:

Die Schüler sollen sich anhand verschiedener Produkte (Spielekonsole, Kaffee, Jacke, Auto) darüber Gedanken machen, woran sie sich orientieren würden, wenn sie das jeweilige Produkt kaufen würden. Ihre Ergebnisse sichern sie in ihrem Feld und stellen sie dann ihren Mitschülern vor. Schließlich werden die Entscheidungskriterien verdichtet und in der Mitte fixiert.

4.1 Fishbowl (Aquarium)

Präsentation und Diskussion von Arbeitsergebnissen bzw. (kontroversen) Meinungen

Freifläche, um den Sprechkreis zu platzieren

Durchführung:

Nach einer Gruppenarbeitsphase zur Vorbereitung werden aus jeder Gruppe Sprecher in einen inneren Sitzkreis entsandt, ebenso ein Moderator. Der Innenkreis wird ferner um einen freien Stuhl erweitert. Nun stellen die Gruppensprecher ihre Ergebnisse vor. Andere Sprecher können die Beiträge ergänzen und kommentieren. Eine feste Reihenfolge ist nicht zwingend vorgegeben. Wenn ein Schüler des Außenkreises Anmerkungen machen möchte, so kann er sich auf den freien Stuhl setzen und seinen Redebeitrag tätigen. Anschließend geht er wieder in den Außenkreis zurück. Der Moderator leitet die Diskussion. Bei ungeübten Klassen kann auch die Lehrkraft die Rolle des Moderators übernehmen. Der Vorteil im Vergleich zur Einzelpräsentation von Gruppenergebnissen liegt in der höheren Lebendigkeit, gerade, wenn es um den Austausch verschiedener Ansichten geht.

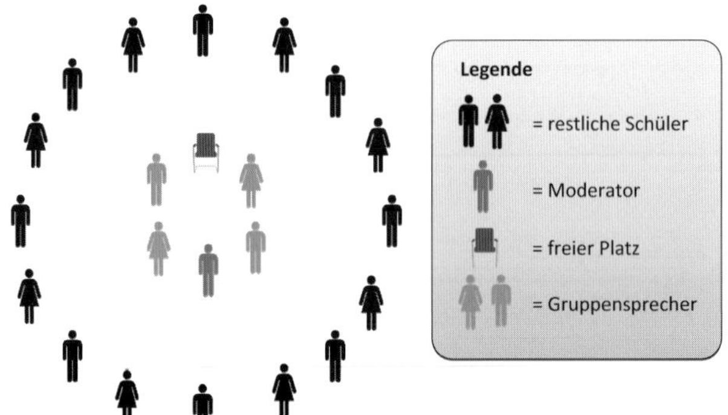

Konkretes Unterrichtsbeispiel:

Den Schülern wird ein konkretes Fallbeispiel von einem Produkt präsentiert, dessen Absatzzahlen rückläufig sind. Nun werden die Schüler in Gruppenarbeit verschiedene Marketingmaßnahmen des Marketing-Mixes kennenlernen, die sich positiv auf den Absatz auswirken (z. B. Werbung, Preisgestaltung, Sortimentsgestaltung, Service ...). Jede der vier Gruppen hat einen Teilaspekt als Schwerpunktthema (4 Ps = Place, Price, Product, Promotion). In einer ersten Phase stellt jeder Gruppensprecher nochmals kurz das Maßnahmenpaket der Gruppe vor. In der zweiten Phase sollen die Sprecher erklären, welche Maßnahme(n) sie einführen würden und worin deren Vorzug liegt (die Rolle kann zugewiesen werden). Anschließend beginnt die Diskussion im Fish-Bowl.

Pro- und Kontra-Debatte
(Streitgespräch, Englische Debatte)

45 Min.

Diskutieren in einem geregeltem Rahmen
Entscheidung über eine kontroverse Fragestellung herbeiführen
Rollenwechsel und Perspektivübernahme fördern

Ggf. vertiefende Sachinformationen

Durchführung:

Die Pro- und Kontra-Debatte existiert in verschiedenen Abwandlungen, die sich vornehmlich in der Ausgestaltung der Erarbeitung der Argumente unterscheiden. Die hier vorgestellte Variation baut auf einer Unterrichtseinheit auf, in der die fachlichen Inhalte bereits erarbeitet wurden. Die Debatte greift dieses Vorwissen lediglich auf und führt es einer Entscheidung zu. Hierfür werden verschiedene Rollen besetzt: Moderator, max. drei Pro-Anwälte, max. drei Kontra-Anwälte. In der Vorbereitungsphase wird die Klasse in mehrere Gruppen aufgeteilt (pro Anwalt eine Gruppe, also max. sechs Gruppen), die mögliche Argumente/Gegenargumente ausarbeiten und einen Gruppensprecher (den Anwalt) bestimmen. Das Streitgespräch selbst ist recht streng reglementiert und folgt dabei folgenden Schritten:

1. Der Moderator (ggf. die Lehrkraft) präsentiert die Fragestellung der Debatte, begrüßt die Zuschauer und die Anwälte.
2. Nun tragen die Anwälte abwechselnd ihre Plädoyers (Pro – Kontra – Pro – Kontra ...) vor. Es existiert eine klare Zeitvorgabe pro Anwalt.
3. Es folgt ein Schlagabtausch von Rede und Gegenrede zwischen den Anwaltsseiten. Fragen des Publikums können aufgegriffen werden.
4. Das Streitgespräch endet mit einer Abstimmung über die Entscheidungsfrage. Diese kann auch vor der Debatte schon einmal stattgefunden haben.

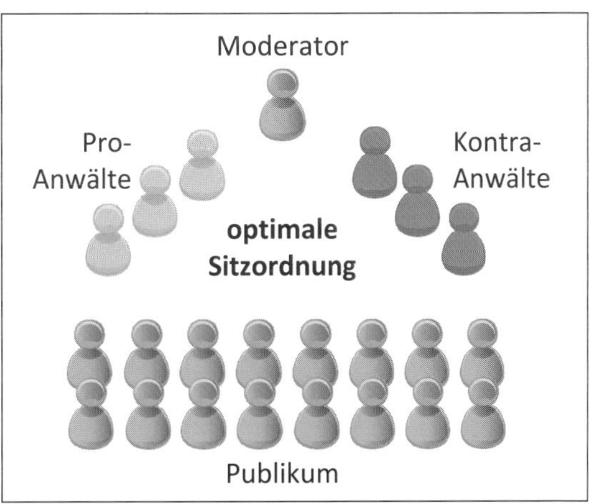

Konkrete Unterrichtsbeispiele:

- Ausweitung des Kündigungsschutzes: Ja oder nein?
- Der Euro: Segen oder Fluch?
- Eine EC-Karte für Jugendliche: Ja oder nein?

45 Min.

Diskutieren und Meinungen austauschen
Ggf. Entscheidung über ein Thema herbeiführen
Rollenwechsel und Perspektivübernahme fördern

Rollenkarten, ggf. vertiefende Sachinformationen

Durchführung:

Talk am Vormittag – Fachkräftemangel in Deutschland?

Name:	Ingmar Industry
Alter:	55 Jahre
Position:	Vorsitzender eines deutschen Industrieverbandes

Beschreibung:
Als Vertreter der deutschen Industrie bist du besorgt um die Versorgung mit gut qualifizierten Fachkräften. Auf Grund der demografische Entwicklung in Deutschland fehlt der Industrie bereits teilweise das Personal, besonders im technischen Bereich (Ingenieure, Informatiker, ...).
Daher bist du an einer gesteuerten Einwanderung interessiert, wie sie mit einer Art Green-Card-Regelung oder einem Punktesystem erfolgen könnte. Die Bedingungen hierfür sollten nicht zu hoch gesteckt sein.
An niedrig qualifizierten Einwanderern hast du kein Interesse.

Die Talkshow als Unterrichtsmethode ist eine simulierte Form des Meinungsaustauschs, welche in der Klasse nachgestellt wird.
Die Schüler schlüpfen in verschiedene Rollen und vertreten dieser entsprechend eine festgelegte Position. Hierzu sind pro Talkshowgast (max. acht Gäste) Rollenkarten vorzubereiten, die den Schüler über seine Rolle informieren.
Der Moderator, welcher auch durch die Lehrkraft besetzt sein kann, erhält eine Übersichtskarte mit den Gästen und eine schlagwortartige Kurzbeschreibung von ihnen. Die verbleibenden Schüler sind das Publikum (ggf. mit Beobachtungsauftrag). Je nach didaktischer Absicht kann die Talkshow am Anfang einer Sequenz stehen, um die Schüler auf eine Thematik einzustimmen oder sich am Ende einer Stundenreihe befinden, um den kontroversen Unterrichtsgegenstand noch einmal zu wiederholen. Dementsprechend kann es sinnvoll sein, die Schüler vor der Talkshow in Gruppen aufzuteilen, in denen die Rolle des jeweiligen Gastes vertieft erarbeitet wird. Die Sitzordnung ist ähnlich der Pro-/Kontra-Debatte. Die Talkshow selbst beginnt mit der Vorstellung der Teilnehmer durch den Moderator, ggf. gefolgt von einem kurzen Statement der einzelnen Gäste. Daraufhin beginnt das eigentliche Gespräch, wobei der Moderator auf eine Gleichverteilung der Redebeiträge achtet, die Diskussion durch Impulse belebt und versucht, Zuschauerfragen mit einzubinden. Am Ende der Talkshow kann eine Abstimmung des Publikums erfolgen, welche Position ihm am ehesten zusagt.

Konkrete Unterrichtsbeispiele:

- Fachkräftemangel in Deutschland?
- Brauchen wir mehr Verbraucherschutz bei den Lebensmitteln?
- Ist der Euro noch zu retten?

.1 Buchstabenfeld

15 Min.

Wiederholung von Fachbegriffen und Definitionen

Arbeitsblatt mit Buchstabenfeld und Hinweistexten

Durchführung:

Bei dieser Methode erhalten die Schüler eine Matrix mit Buchstaben, in der horizontal, vertikal bzw. diagonal verschiedene Fachbegriffe einer Unterrichtseinheit verborgen sind. Anhand diverser Hinweise müssen die Schüler nun aus dem Buchstabenfeld die zugehörigen Fachbegriffe heraussuchen und markieren.

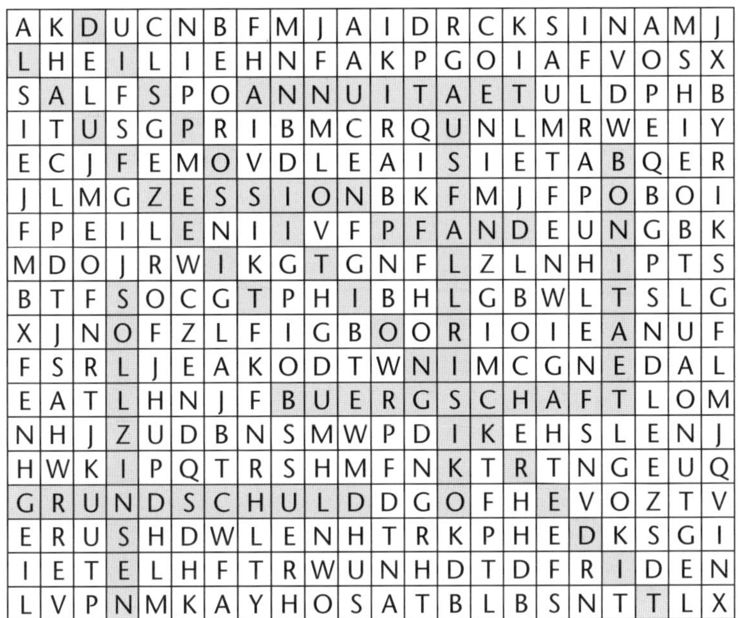

A	K	D	U	C	N	B	F	M	J	A	I	D	R	C	K	S	I	N	A	M	J
L	H	E	I	L	I	E	H	N	F	A	K	P	G	O	I	A	F	V	O	S	X
S	A	L	F	S	P	O	A	N	N	U	I	T	A	E	T	U	L	D	P	H	B
I	T	U	S	G	P	R	I	B	M	C	R	Q	U	N	L	M	R	W	E	I	Y
E	C	J	F	E	M	O	V	D	L	E	A	I	S	I	E	T	A	B	Q	E	R
J	L	M	G	Z	E	S	S	I	O	N	B	K	F	M	J	F	P	O	B	O	I
F	P	E	I	L	E	N	I	I	V	F	P	F	A	N	D	E	U	N	G	B	K
M	D	O	J	R	W	I	K	G	T	G	N	F	L	Z	L	N	H	I	P	T	S
B	T	F	S	O	C	G	T	P	H	I	B	H	L	G	B	W	L	T	S	L	G
X	J	N	O	F	Z	L	F	I	G	B	O	O	R	I	O	I	E	A	N	U	F
F	S	R	L	J	E	A	K	O	D	T	W	N	I	M	C	G	N	E	D	A	L
E	A	T	L	H	N	J	F	B	U	E	R	G	S	C	H	A	F	T	L	O	M
N	H	J	Z	U	D	B	N	S	M	W	P	D	I	K	E	H	S	L	E	N	J
H	W	K	I	P	Q	T	R	S	H	M	F	N	K	T	R	T	N	G	E	U	Q
G	R	U	N	D	S	C	H	U	L	D	D	G	O	F	H	E	V	O	Z	T	V
E	R	U	S	H	D	W	L	E	N	H	T	R	K	P	H	E	D	K	S	G	I
I	E	T	E	L	H	F	T	R	W	U	N	H	D	T	D	F	R	I	D	E	N
L	V	P	N	M	K	A	Y	H	O	S	A	T	B	L	B	S	N	T	T	L	X

Konkretes Unterrichtsbeispiel:

Das oben dargestellte Buchstabenfeld enthält wesentliche Begriffe rund um das Thema Kredite. Finde diese unter Zuhilfenahme der folgenden Hinweise!

1. Der am häufigsten genutzte Kredit
2. Kreditsicherungsform, die selbst für einen netten Unbeteiligten böse enden kann
3. Fachausdruck für eine Forderungsabtretung
4. Fachausdruck für die Kreditwürdigkeit
5. Wahrscheinlichkeit, dass ein Kredit nicht zurückgezahlt werden kann
6. Gleichbleibende Rückzahlungsrate
7. Aktien oder Schmuck sind Beispiele für die Form der Kreditsicherung
8. Zu zahlende Zinsen im „Minus"
9. Abstrakte Verbindlichkeit, die für Immobilien eingetragen werden kann
10. Geplante Dauer der Verschuldung

5.2 Domino

Wiederholung
Zuordnung von Begriffen

Vorbereitete Dominokärtchen

Durchführung:

Angelehnt an den Spielklassiker werden hier keine Zahlenwerte aneinandergelegt, sondern zueinandergehörende „Begriffe". Die Methode beginnt damit, dass die Klasse in die gewünschte Gruppenanzahl aufgeteilt wird (max. fünf Schüler pro Gruppe) und ihnen die Spielregeln erklärt werden. Diese sind: Die Spielsteine werden gleichmäßig auf die Gruppenmitglieder verteilt. Nun beginnt der jüngste Schüler und legt seinen Spielstein aus. Es folgt der Schüler zu seiner Rechten. Er versucht, an den ausliegenden Stein einen seiner Steine anzulegen und erklärt dabei ggf. die Verbindung. Hat ein Schüler seinen letzten Stein platziert, so wird die Runde noch zu Ende gespielt. Alle Schüler ohne Steine haben dann gewonnen.

BK an FO	*Überweisung ausstehender Rechnung*

VE an BK	*Kauf einer neuen Kreissäge auf Ziel*

MA VORST an VE	*Auszahlung eines Darlehens*

BK an LBKV	*Barzahlung eines Aktenschrankes*

Konkrete Unterrichtsbeispiele:

- Geschäftsfall und Buchungssatz
- Fachbegriff und Synonym (z. B. Zession und Forderungsabtretung)
- Begriff und Definition
- Wirkzusammenhänge, zeitliche Reihenfolgen (z. B. Hauptversammlung bei AGs)

Wiederholung

Zwei Fliegenklatschen
Tafelanschrieb, Tafelkärtchen etc. zum „Abklatschen"

Durchführung:

Bei diesem Teamspiel steht die Wiederholung und Vertiefung von Begriffen im Vordergrund. Hierzu wird die Klasse in zwei gleich große Gruppen eingeteilt (am besten entlang des Mittelgangs – Gruppe „Fenster" gegen Gruppe „Tür"), wobei jeweils ein Schüler jeder Gruppe eine Nummer erhält. Dementsprechend gibt es die Eins zweimal, die Zwei zweimal etc. Vor der Tafel werden zwei Fliegenklatschen positioniert und die Tafel wird mit den zu wiederholenden Begriffen versehen (als Tafelschilder oder einfach angeschrieben). Nun wird den Schülern eine Aufgabe gestellt, deren Lösungsbegriff sich an der Tafel befindet. Jetzt wird eine Schülernummer genannt, worauf die entsprechenden Schüler möglichst schnell aufspringen müssen, sich die Fliegenklatschen nehmen und den zutreffenden Begriff „abklatschen". Der schnellere Schüler holt so einen Punkt für das Team. Bei ungerader Schülerzahl spielt der übriggebliebene Schüler den Schiedsrichter und notiert den Punktestand. Gegebenenfalls wird das Ergebnis berichtigt und besprochen. Dadurch, dass die Schüler nicht wissen, ob sie aufgerufen werden, ist jeder Schüler gezwungen, sich die richtige Lösung zu überlegen.

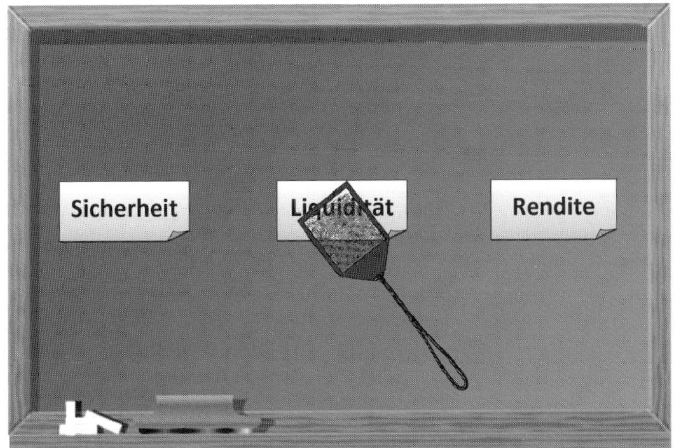

Konkretes Unterrichtsbeispiel:

Den Schülern wird eine Anlageform genannt und diese müssen nun jenes Anlageziel benennen, welches nicht erreicht wurde (z. B. Aktie: Sicherheit wurde nicht erreicht).

5.4 Klammerkarten

10 Min.

Zuordnung von Begriffen zu einem Oberbegriff

Klammerkarten und zugehörige farbige Büroklammern

Durchführung:

Die Klammerkarte ist eine Möglichkeit, die Fähigkeit der Zuordnung von Begriffen abzufragen. Hierfür erhalten die Schüler eine vorbereitete Klammerkarte und passende Büroklammern. Nun sollen sie in Einzel- oder Partnerarbeit die Beispiele den Begrifflichkeiten zuordnen, indem sie die entsprechend farbige Büroklammer setzen. Drehen sie die Karten herum, so können sie ihre Lösungen vergleichen, da auf der Rückseite die richtige Farbe notiert ist. Alternativ ist eine Ja-nein- bzw. Richtig-falsch-Klammerkarte möglich. Dies erspart die unterschiedlich farbigen Klammern.

Setze die entsprechend farbigen Klammern! Blau = normaler Steuersatz **Grün = ermäßigter Steuersatz** **Keine Farbe = Steuerbefreit**	
Tablet-PC	Theater-karten
Auto-Reparatur	T-Shirt
Schullektüre	Girokonto-gebühren

Lösung	
Grün	Blau
Blau	Blau
	Grün

Konkrete Unterrichtsbeispiele:

Bei folgenden Themen könnte man eine solche Klammerkarte z. B. einsetzen:

- Steuersätze
- Formen von Arbeitslosigkeit
- Was nutzen: Dauerauftrag, Überweisung oder Einzugsermächtigung?
- Minimal- oder Maximalprinzip?

.5 **Lügenmärchen** (Fehlertext)

10 Min.

Sicherung und Besprechung von Lerninhalten

Text mit eingebauten Fehlern

Durchführung:

Die Schüler erhalten am Ende einer Unterrichtseinheit einen Text, der bewusst falsche Passagen enthält. Die Schüler müssen nun die fehlerhaften Teile durchstreichen und durch korrekte Aussagen ersetzen. Besprechung am besten durch Folie.

Fernabsatzverträge und E-Commerce	
Fernabsatzverträge sind Verträge zwischen einem Unternehmer und einem ~~anderen Unternehmen~~, die unter ausschließlicher Verwendung von Fernkommunikationsmitteln abgeschlossen werden. Dies bedeutet, dass Waren oder Dienstleistungen per Katalog, E-Mail, Brief, Fax oder ~~im Geschäft direkt~~ bestellt werden. Diese Art von Verträgen birgt für den Verbraucher erhebliche ~~Chancen~~, da er weder den Unternehmer noch die Geschäftsräume persönlich sehen noch das Produkt in Händen halten kann. Aus diesen Gründen muss der Unternehmer umfassende Informationspflichten beachten.	Verbraucher am Telefon Gefahren
Von E-Commerce, also dem elektronischen Handel, spricht man, wenn der Vertrag zwischen einem Unternehmer und einem Verbraucher nur unter Einsatz von ~~schriftlichen~~ Kommunikationsmitteln zustande kommt […]. Typische Beispiele hierfür sind Bestellungen bei Onlineshops und ~~Zwangsversteigerungen~~. Der Vertrag wird direkt im „Netz" abgeschlossen. Für diesen Fall hat der Gesetzgeber zum Schutz des Verbrauchers weitergehende Informationspflichten vorgeschrieben.	elektronischen Internetauktionen
Abgesehen von diesen Informationspflichten wird dem Verbraucher die Möglichkeit eröffnet, sich leicht wieder vom abgeschlossenen Vertrag lösen zu können. […] Der Verbraucher [kann] innerhalb einer ~~vierwöchigen~~ Frist ab ~~Bezahlung~~ der Ware und ~~mit~~ Angabe von Gründen den Vertrag widerrufen oder die Ware zurückgeben […].	zweiwöchigen / Zugang / ohne

5.6 Magische Wand

45 Min.

Wiederholung von Unterrichtsinhalten

Fertige magische Wand, die via Laptop / Beamer präsentiert wird
Bunte Karteikärtchen und Klebeband, wenn die Schüler die magische Wand selbst erstellen

Durchführung:

Bei dieser spielerischen Form der Wiederholung wird die Klasse in gleich große Gruppen eingeteilt, wobei eine Gruppengröße von fünf Schülern nicht überschritten werden sollte. Die Gruppen erhalten jeweils fünf Karteikarten (jede Gruppe in einer eigenen Farbe) und müssen nun auf jede Karte eine Frage mit zugehöriger Antwort schreiben (beides auf Rückseite). Die Karten werden nach ihrem Schwierigkeitsgrad sortiert und entsprechend auf der Vorderseite mit Punktwerten zwischen 100 und 500 Punkten versehen. Diese Phase entfällt, wenn der Lehrer selbst die magische Wand entworfen hat. Die Karten werden nun wie oben dargestellt an die Tafel geheftet. Nun beginnt die Spielphase. Die erste Gruppe wählt eine Karte aus (natürlich keine selbst entworfene Karte) und erhält bei richtiger Beantwortung den Punktwert gutgeschrieben. Falsche Antworten geben keine Punkte. Dann ist die nächste Gruppe an der Reihe. Das Spiel hat die Gruppe mit den meisten Punkten gewonnen.

Konkretes Unterrichtsbeispiel:

- 500 Punkte, rot: Wie lautet der Rechtsgrundsatz „In dubio pro reo“ auf Deutsch?
- 300 Punkte, violett: In welchem Zeitraum kann man nach dem Jugendstrafrecht bestraft werden?
- 100 Punkte, blau: Wie heißt der Anklagevertreter im Strafrecht?

Wiederholung

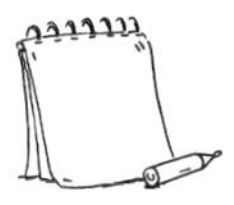

Vorbereitete Memorykarten

Durchführung:

Angelehnt an den Spieleklassiker müssen die Schüler Paare zuordnen. Für die Spielphase werden Gruppen von max. fünf Schülern gebildet, die einen Satz Memorykarten erhalten. Diese werden verdeckt ausgelegt und gemischt. Nun beginnt z. B. der älteste Schüler und deckt zwei Karten auf. Passen die Karten zusammen, so darf er sie behalten. Andernfalls werden die Karten wieder umgedreht. Der nächste Schüler ist am Zug. Gewonnen hat der Schüler mit den meisten richtig aufgedeckten Paaren.

Konkrete Unterrichtsbeispiele:

- Begriff und Bild (z. B. Gegenstand und Steuersatz)
- Begriff und Überbegriff (z. B. Aktie und Teilhaberpapier)
- Fachbegriff und Definition (z. B. Factoring, Hypothek)

Wiederholen von Sachwissen

Quartettkarten

Durchführung:

Diese spielerische Form der stofflichen Wiederholung eignet sich besonders, wenn Beispiele zu Überbegriffen zugordnet werden sollen. Je nach Intention können die Schüler die Quartettkarten selbst erstellen oder die Lehrkraft verteilt vorgefertigte Spielsätze. Ein Quartettkartensatz besteht in der Regel aus acht Quartetten, also 32 Karten. Für den Unterricht können aber auch weniger verwendet werden. Die Regeln entsprechen dem klassischen Quartett: Nachdem die Karten gleichmäßig innerhalb der Gruppe verteilt wurden, beginnt ein Schüler und fragt einen beliebigen Mitspieler nach einer konkreten Karte. Hierzu muss er mindestens eine Karte des Quartettsatzes selbst besitzen. Hat der gefragte Mitspieler die Karte, so gibt er sie dem Fragenden. Dieser kann dann wieder einen Mitspieler nach einer weiteren Karte fragen. Hat er die Karte nicht, so ist der nächste Schüler an der Reihe. Ist ein Quartett vervollständigt, so wird es abgelegt. Der Schüler mit den meisten vollständigen Quartetten gewinnt.

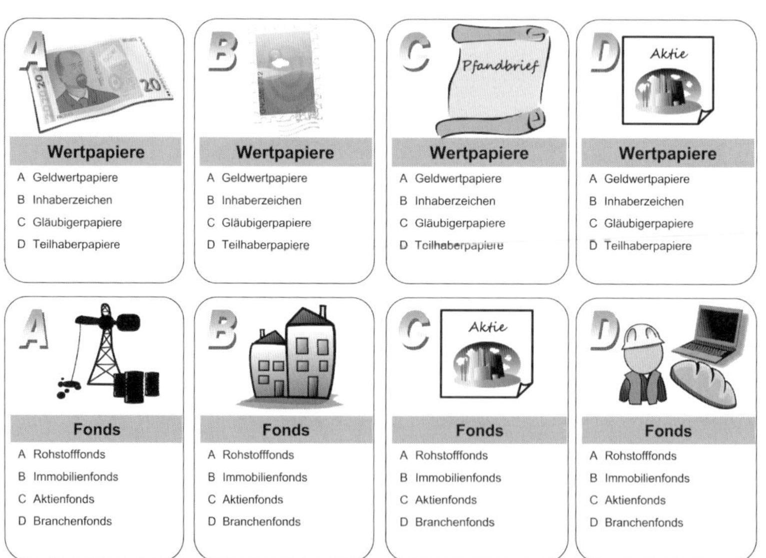

Konkrete Unterrichtsbeispiele:

- Geldanlage: Fondtypen, Wertpapierarten, Anlageziele ...
- Einkommensgewinnung: Gehälter, Löhne, Bezüge, Gagen, Honorare ...
- Geschichte des Geldes: Münzgeld, Papiergeld, Giralgeld, Warengeld ...

5.9 Rot-Grün-Abfrage (Richtig oder falsch)

Wiederholung von Unterrichtsinhalten
Abfrage von Meinungen und Werthaltungen

Verschiedenfarbige Karten pro Schüler

Durchführung:

Die Schüler erhalten verschiedenfarbige Karten, welche inhaltlich codiert sind. In der einfachsten Variante gibt es z. B. zwei Kartenfarben: eine rote Karte für Falsch und eine grüne für Richtig. Nun werden den Schülern Fragen / Thesen / Aussagen präsentiert, über die sie nun mit ihren Karten „abstimmen".

Konkrete Unterrichtsbeispiele:

- Falsch-Richtig-Abfrage: Die Schüler erhalten Aussagen zum Thema Jugendschutzgesetz. Bei richtigen Aussagen ist die grüne Karte zu heben, bei falschen die rote. Falsche Aussagen werden nach der „Abstimmung" korrigiert.
- Zuordnungsabfrage: Den Schülern werden Marketingmaßnahmen beschrieben und sie müssen entscheiden, ob diese in den Bereich der Preispolitik (grün), der Produkt- und Sortimentspolitik (rot), der Distributionspolitik (blau) oder der Kommunikationspolitik (gelb) fallen.
- Meinungsabfrage: Die Schüler werden mit wirtschaftlichen Thesen konfrontiert und müssen durch die Karten ihre Zustimmung (grün) oder Ablehnung (rot) signalisieren. Danach können einzelne Schüler aufgerufen werden, ihre Haltung zu begründen.

Wiederholung und Vertiefung von (Grund)begriffen

Begriffskarten

Durchführung:

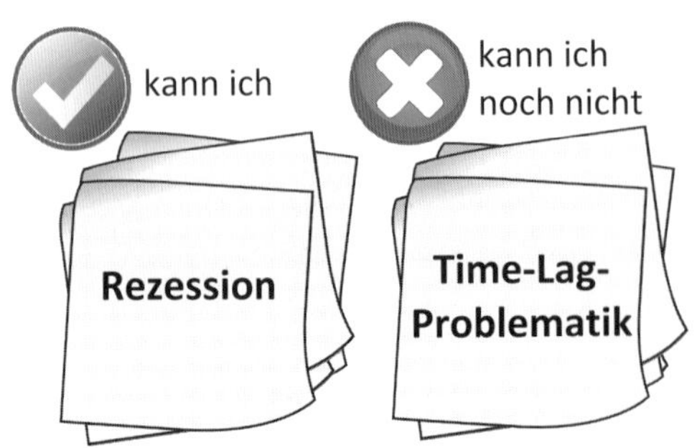

Die Schüler erhalten einen Satz Karten (alternativ als Arbeitsblatt, aus welchem sie selbst die Karten ausschneiden müssen oder im Rahmen der Kartenmemory-Methode), auf denen zentrale Begriffe der Unterrichtseinheit oder Grundwissensbegriffe notiert sind. Diese Karten müssen nun in Einzelarbeit auf zwei Stapel sortiert werden: Begriffe, die man erklären kann, kommen auf den Kann-ich-Stapel. Als Entscheidungshilfe für den Schüler gilt die Faustformel, dass man zumindest einen zusammenhängenden, ganzen Satz zu dem Begriff bilden können muss. Die anderen Begriffe, die einem nichts sagen bzw. bei deren Erklärung man noch unsicher ist, kommen auf den Kann-ich-noch-nicht-Stapel. Nach dieser ersten Phase findet nun eine Partnerarbeit statt. Hier versuchen die Paare, sich gegenseitig die nicht gekonnten Begriffe zu erklären bzw. erarbeiten sich diese mithilfe des Buches, des Heftes etc., wenn auch der Partner den Begriff nicht erklären kann. Auch Fragen an die Lehrkraft sind zulässig. Wichtig ist hierbei aber, dass letztlich der Schüler den Begriff selbstständig erklären kann.

Konkretes Unterrichtsbeispiel:

Eine mögliche Begriffsliste zum Themenbereich „Recht“:

- Eigentum
- Eigentumsvorbehalt
- Willenserklärung
- Rechtsgeschäft
- Geschäftsfähigkeit
- Erfüllungsort
- Lieferverzug
- Besitz
- Grundbuch
- Vertragsgrundsätze
- Verpflichtungsgeschäft
- Anfechtung
- Zahlungsverzug
- Verjährung
- Eigentumserwerb
- Grundschuld
- Enteignung
- Erfüllungsgeschäft
- Nichtigkeit
- Sachmangel
- Sozialpflichtigkeit des Eigentums

.11 Tabu

5–10 Min.

Wiederholung von Grundbegriffen

Tabukarten

Durchführung:

In Anlehnung an den Spielklassiker können mit entsprechend gestalteten Karten sehr gut Grundbegriffe und damit Grundwissen wiederholt werden. Für den Spielablauf wird die Klasse in zwei Gruppen aufgeteilt, die gegeneinander spielen. Dabei tritt ein Schüler vor die Klasse und versucht, mehrere Begriffe innerhalb einer festgelegten Zeit (z. B. eine Minute) zu erklären, ohne dabei auf die für tabu erklärten Worte zurückzugreifen. Ebenfalls tabu sind fremdsprachliche Wörter oder Wortbestandteile der genannten Begriffe. Die Mitschüler seiner Gruppe versuchen, den gesuchten Begriff zu erraten. Für jeden gefundenen Begriff erhält die Gruppe einen Punkt. Ein Schüler der Gegengruppe überprüft während der Erklärungen die Einhaltung der Regeln. Nach Ablauf der Zeit werden die Punkte fixiert (Regelverstöße bringen der Gegengruppe einen Punkt) und die gegnerische Mannschaft ist mit dem Erklären an der Reihe.

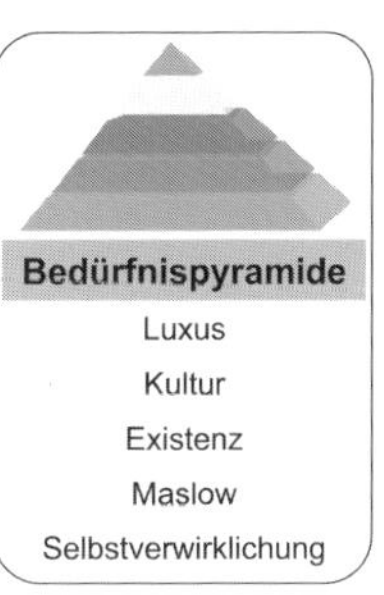

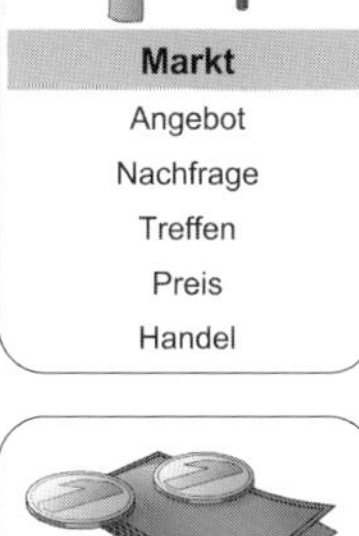

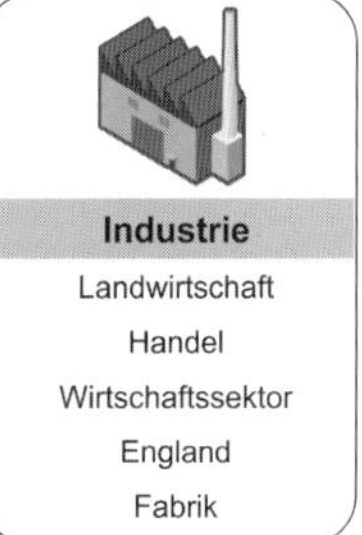

Konkretes Unterrichtsbeispiel:

Als Tabubegriffe bieten sich die Registereinträge des verwendeten Schulbuchs an. Diese könnten wie oben aufgezeigt in Spielkartenformat gebracht werden.

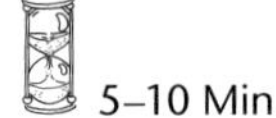

Wiederholung von faktenorientierten Unterrichtsinhalten

Folie mit Spielfeld und Spielfiguren
Evtl. vorbereitete Fragen

Durchführung:

Bei dieser spielerischen Form der Wiederholung wird die Klasse in mehrere Gruppen eingeteilt (max. Gruppenstärke: sechs Schüler), die mit dem Ziel gegeneinander antreten, beim Pferderennen zu gewinnen. Je nach didaktischer Zielsetzung können nun die Fragen von den Gruppen selbst erarbeitet werden oder schon von der Lehrkraft vorbereitet sein. In der konkreten Spielphase werden nun den Gruppen reihum Fragen gestellt, wobei eine richtige Antwort sie ein Feld nach vorne bringt. Bei einer falschen Antwort bleibt die Spielfigur der Gruppe stehen und die Frage wird an die nächste Gruppe weitergereicht. Gewonnen hat die Gruppe, die als Erstes die Trophäe erreicht. Alternativ kann die Frage auch an die gesamte Klasse gerichtet werden und nur die schnellste Gruppe darf weiterziehen.

Konkretes Unterrichtsbeispiel:

Frage	Antwort
Wie lange müssen in Unternehmen Belege aufbewahrt werden?	10 Jahre
Wie ist zu verfahren, wenn ein Beleg verloren geht?	Es muss ein Ersatzbeleg erstellt werden.
Wie heißt der Stempel, der auf Belegen angebracht wird?	Vorkontierungsstempel

Demonstration wesentlicher Vorteile der Gruppenarbeit
Erstellen von Karten mit Begriffen

Vorbereitete Begriffe

Durchführung:

Der Lehrer hat eine Liste mit fachlichen Begriffen erarbeitet (ca. 30 Stück), die er im Folgenden den Schülern auf drei unterschiedliche Arten präsentiert:

- ⅓ der Begriffe wird den Schülern vorgelesen (akustisch).
- ⅓ der Begriffe wird den Schülern gezeigt, z. B. via Tageslichtprojektor (optisch).
- ⅓ der Begriffe wird den Schülern vorgelesen **und** gezeigt.

Nach jeder dieser drei Phasen erfolgt eine einminütige Pause, in der die Schüler die Aufgabe haben, sich die Begriffe einzuprägen. Nun schließt sich eine Einzelarbeit an, in der die Schüler versuchen, möglichst viele der Begriffe aufzuschreiben (evtl. auf Karteikarte, um damit später eine Sortieraufgabe zu verbinden oder die Strukturlegetechnik anzuwenden). Nach einigen Minuten, in denen sich in der Regel eine gewisse Frustration über die eigene Merkfähigkeit einstellt, werden die Schüler in kleine Gruppen aufgeteilt. In diesen sollen sie die Liste vervollständigen. Abschließend liest die Lehrkraft nochmals alle Begriffe vor. Die Gruppen signalisieren durch ein Handzeichen, wenn sie einen Begriff nicht gefunden haben. Durch diese Übung lernen die Schüler, dass jeder einen Beitrag leisten kann, dass Gruppenarbeit das Gesamtergebnis verbessern kann und dass die Gruppe einen Schutzraum für den Einzelnen darstellt, da seine Fehler und Mängel nicht für alle ersichtlich sind. Diese Vorteile sollten zum Abschluss im Plenum gemeinsam besprochen werden.

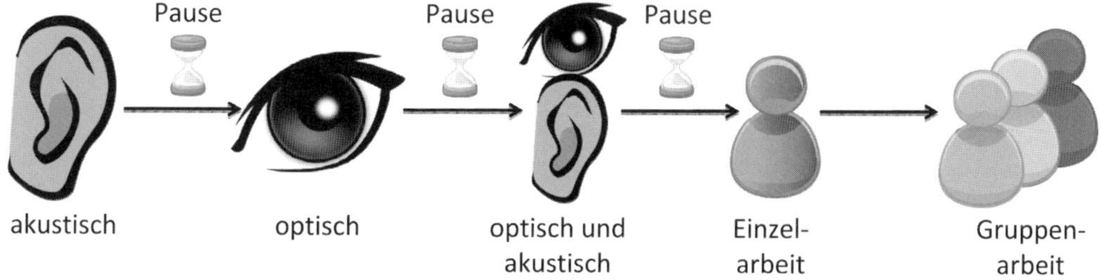

Konkrete Unterrichtsbeispiele:

- Im Bereich des sozialen Lernens
- In Vorbereitung auf eine Sortieraufgabe bzw. auf die Strukturlegetechnik
- Vorbereitung zur Erarbeitung eines Grundwissenskatalogs

Gedankenaustausch, gegenseitiges Abfragen

Freifläche für das Kugellager

Durchführung:

Beim Kugellager stellen sich Schüler in einem Außen- und einem Innenkreis auf, wobei sich die Schüler gegenüberstehen. Je nach Intention der Lehrkraft (z. B. gegenseitige Abfrage, Zusammenfassung eines Filmes oder Textes ...) findet ein Austausch zwischen den Schülern statt. Dies kann ritualisiert werden, z. B. nach dem Muster: erst x Minuten, die der Außenkreis redet, dann y Minuten, in denen der Innenkreis kommentiert / ergänzt / zusammenfasst / berichtigt. Nach einer gewissen Zeit rotieren die Schüler des Innen- / Außenkreises und haben somit einen neuen Partner. Der bereits beschriebene Austausch findet erneut statt, wobei die Rollen wechseln (z. B. Frager wird zum Abgefragten). Um die Lautstärke im Rahmen zu halten, sollten die Schüler nur leise reden.

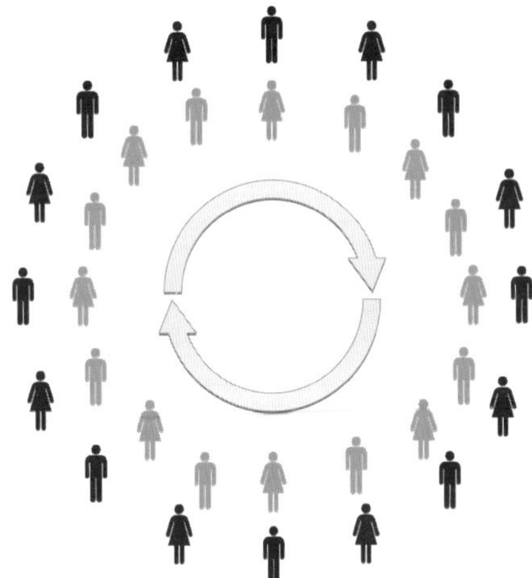

Konkretes Unterrichtsbeispiel:

Die Schüler haben in einer Unterrichtssequenz verschiedene Kennzahlen der Unternehmensbewertung kennengelernt und sollen dieses Wissen nun festigen. Nachdem das Kugellager gebildet wurde, fängt der Innenkreis an, den Außenkreis Grundwissenfragen zu stellen (z. B. Wie kann man die Einzugsliquidität in einem Unternehmen verbessern?), die von diesem beantwortet werden müssen. Nach zwei Minuten rotiert das Kugellager und nun stellt der Schüler des Außenkreises die Fragen. Hefte / Hefter etc. können von dem Fragenden durchaus benutzt werden.

Sich am Ende einer Unterrichtseinheit eine Meinung bilden und diese vertreten

Thesenkarten, die im Klassenzimmer ausgehängt werden

Durchführung:

Am Ende einer Unterrichtseinheit werden im Klassenzimmer verschiedene, teils sich widersprechende, gut lesbare Thesen ausgehängt. Die Schüler verteilen sich nun und wandern von These zu These, um diese zu lesen. Schließlich müssen sie sich für eine These entscheiden, die am ehesten die eigene Meinung wiedergibt und positionieren sich dort. Der Lehrer ruft nun aus jeder der sich so gebildeten Gruppen Schüler auf, die ihre Entscheidung begründen müssen. Hat man die gleichen Thesen am Anfang des Unterrichts bereits benutzt, so kann man am Ende eventuelle Meinungsverschiebungen von den Schülern begründen lassen.

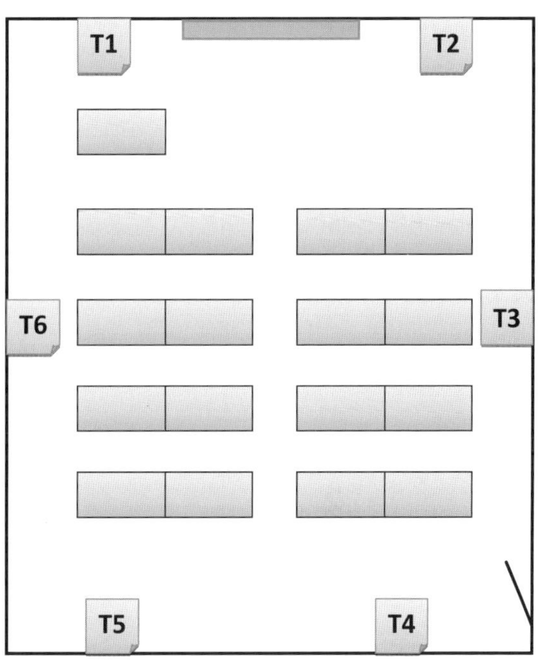

Konkretes Unterrichtsbeispiel:

Am Ende einer Unterrichtssequenz zum Thema „Bewusstes Verbraucherverhalten" werden im Raum vier verschiedene Thesen auf kleinen Plakaten verteilt:

These 1: „Egal, Hauptsache billig!"
These 2: „Ich bin gerne bereit, für Lebensmittel etwas mehr auszugeben!"
These 3: „Mir ist das zu anstrengend, mir über all meine Einkäufe den Kopf zu zerbrechen. Ich kaufe halt das, was ich schon immer gekauft habe!"
These 4: „Eine Lebensmittelampel fände ich sinnvoll!"

Überblick über die verschiedenen Positionen zu einem Thema
Abschluss eines Themenbereichs

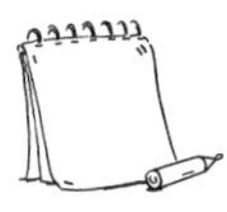

Vier bis sechs Karikaturen, idealerweise auf Postergröße

Durchführung:

Diese Methode setzt einen geübten Umgang mit Karikaturen voraus. Ähnlich wie bei der Thesenrallye werden im Klassenzimmer verschiedene Stationen aufgebaut, an denen jeweils eine vergrößert kopierte Karikatur ausgehängt/ausgelegt ist. Die Schüler gehen in Kleingruppen von Station zu Station und interpretieren (mithilfe von Leitfragen – siehe Karikatur) die thematisch verwandten Karikaturen. Der Stationswechsel erfolgt im Uhrzeigersinn auf ein Signal der Lehrkraft hin. Je nach Komplexität der Karikatur bzw. thematischer Vertrautheit muss unterschiedlich lang Zeit gegeben werden. Haben die Gruppen schließlich ihre letzte Karikatur bearbeitet, nehmen sie die Karikatur an sich und stellen diese im Plenum der Klasse vor, wobei die Lehrkraft erst jetzt moderierend bzw. korrigierend eingreifen sollte.

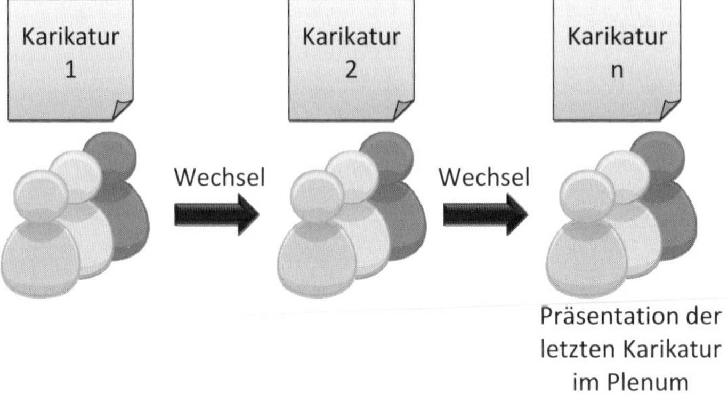

Konkrete Unterrichtsbeispiele:

Für Karika-Touren bieten sich weniger Karikaturen des Tagesgeschehens an, da man eine gewisse Bandbreite unterschiedlicher Ansichten, Meinungen und Sichtweisen vorstellen sollte. Themenklassiker des politischen Unterrichts weisen ein solches Repertoire auf und sind verhältnismäßig gut zugänglich. Dies sind z. B.:

- Der Sozialstaat: Rolle, Probleme ...
- Der Euro
- Der gläserne Kunde
- Globalisierung
- Wirtschaftspolitische Themen wie Konjunktur, Staatsverschuldung ...

Wiederholung und Vertiefung von Grundbegriffen und Zusammenhängen

Begriffskarten

Durchführung:

Immer wenn komplexere, logische Ursache-Wirkungs-Zusammenhänge in einer Unterrichtseinheit erarbeitet wurden, kann diese Methode zur abschließenden Vertiefung herangezogen werden. Hierzu erhalten die Schüler Kärtchen, welche mit zentralen Begriffen einer Lerneinheit beschriftet sind. Nach Sichtung müssen die Schüler diese zu einer logischen bzw. gedanklich sinnvollen Struktur anordnen. Zur weiteren Veranschaulichung können noch Pfeile, farbliche Hinterlegungen, ergänzende Begriffe oder Symbole angebracht werden. Anschließend stellen die Schüler ihre Anordnung anderen Schülern vor (Banknachbar oder Gruppen). In dieser Phase sollen logische Fehler oder Unstimmigkeiten beseitigt werden. Schließlich kann die Struktur ins Heft geklebt werden. Es ist zu beachten, dass unterschiedliche Anordnungen möglich sind.

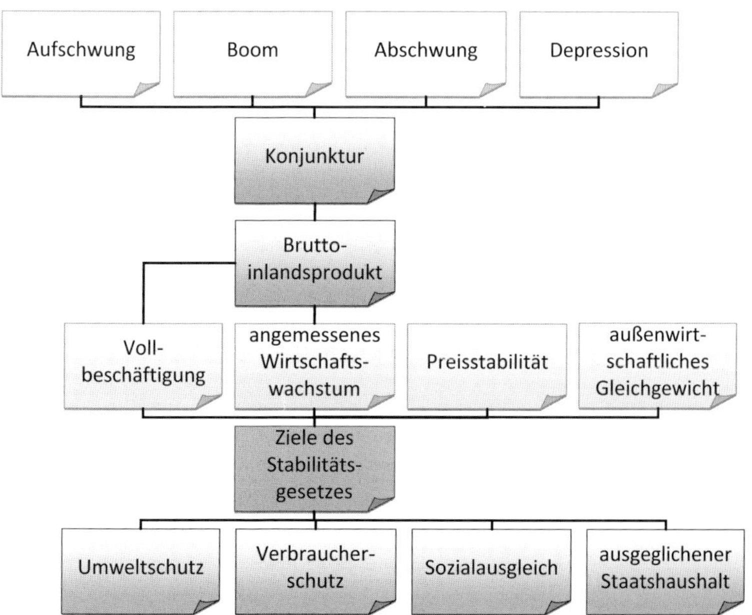

Konkrete Unterrichtsbeispiele:

Weitere Einsatzmöglichkeiten:

- Der Buchungskreislauf
- Folgen expansiver Geldpolitik
- Der Weg einer Überweisung

6.1 Blitzlicht

Feedback zu Unterrichtseinheit
Meinungsabfrage

Evtl. andere Sitzordnung

Durchführung:

Diese Methode beginnt damit, dass der Lehrer eine möglichst offene Leitfrage an die Schüler weitergibt, die diese dann in einem kurzen Statement beantworten. Nachdem der erste Schüler fertig ist, macht der nächste direkt weiter. Wichtig dabei sind folgende Regeln:

- Jeder Schüler redet nur über sich und gibt damit eine ganz persönliche Meinung ab.
- Die Antworten sollten möglichst kurz und präzise formuliert sein.
- Die Antworten der Schüler werden nicht diskutiert oder kommentiert.

Um zu untermauern, dass immer nur ein Schüler spricht, kann ein Sprechstein, Ball etc. herumgereicht werden. Dies empfiehlt sich meist nur bei jüngeren Schülern, da ältere dies häufig als lächerlich empfinden.

Konkretes Unterrichtsbeispiel:

- Aus dieser Stunde nehme ich persönlich mit, dass ...
- Mehr Jobs durch Abbau des Kündigungsschutzes?!
- Soziale Marktwirtschaft heißt für mich, dass ...
- Besonders gut/schlecht fand ich an dem Projekt, dass ...

Feedback

Keine weiteren Materialien nötig

Durchführung:

Hierbei handelt es sich um eine schnell durchzuführende, aber dennoch in den Antworten differenzierende Feedbackmethode. Die Schüler werden aufgefordert, sich am Ende einer Unterrichtseinheit / Methode zu dieser in folgender Form zu äußern:

- **Daumen**: Das fand ich klasse ... Besonders gut hat mir gefallen ...
- **Zeigefinger**: Darauf möchte ich hinweisen ... Das ist mir aufgefallen ...
- **Mittelfinger**: Das stinkt mir ... Das hat mir gar nicht gefallen ...
- **Ringfinger**: Das nehme ich mit ... So habe ich mich gefühlt ...
- **Kleiner Finger**: Das ist zu kurz gekommen ... Das sollte man ausbauen ...

Wie die Schüleräußerungen abgerufen werden, kann je nach Zeitrahmen oder Differenzierung variieren. Die einfachste Form ist, wenn die Schüler reihum aufgefordert werden, sich entweder zu einem konkreten Finger zu äußern bzw. sich den Finger frei auszusuchen.

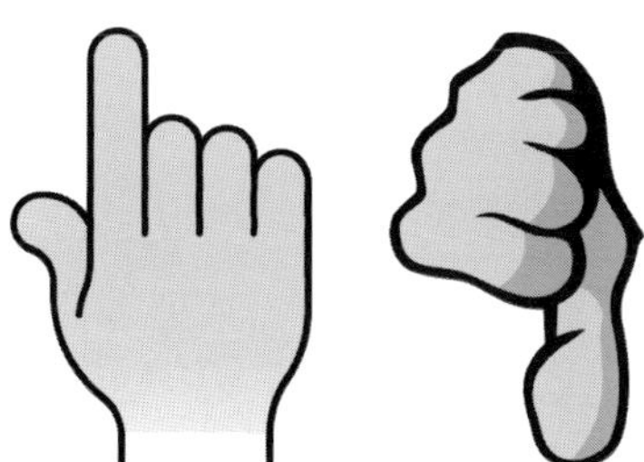

Konkretes Unterrichtsbeispiel:

Nach dem Einführen der Gruppenpuzzle-Methode äußern sich die Schüler:

- Daumen: „Da war man viel mehr gefordert, als bei einer normalen Gruppenarbeit."
- Zeigefinger: „Das gegenseitige Erklären bringt voll viel!"
- Mittelfinger: „Nicht jeder kann gleich gut erklären!"
- Ringfinger: „Ich war unheimlich aufgeregt, als ich erklären musste."
- Kleiner Finger: „Mir fehlt ein Hefteintrag oder so was, womit ich zu Hause lerne."

Feedback (allgemein oder zu speziellen Bereichen)

Ggf. Arbeitsblatt mit Zielscheibe

Durchführung:

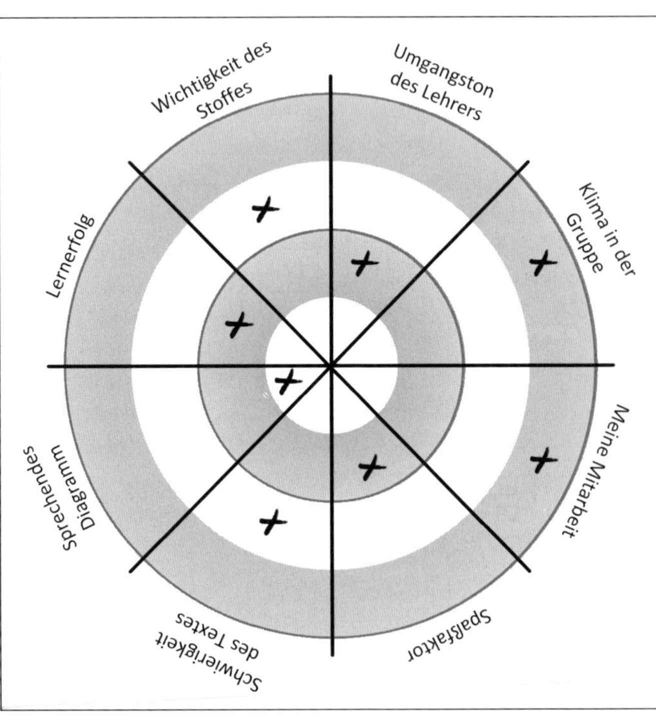

Mit der Zielscheibe können Schüler anonym ein Feedback an den Lehrer geben. In der einfachsten Form kann eine Zielscheibe an die Klassenzimmertür gehängt werden, durch welche die Schüler beim Verlassen des Raums eine allgemeine Rückmeldung abgeben, wie ihnen die heutige Stunde gefallen hat. Wie bei einer Dartscheibe ist der mittlere Kreis (Bullseye) die beste Wertung („Hat mir sehr gut gefallen") und der äußerste Kreis die schlechteste („Die Stunde fand ich sehr schlecht"). Will man differenzierte Evaluationsergebnisse, so kann man die Zielscheibe in einzelne Segmente aufteilen, die für verschiedene Aspekte stehen, die bewertet werden sollen (vgl. Grafik). Hierzu muss allerdings jeder Schüler eine Zielscheibe erhalten, die er in Ruhe ausfüllt und am Ende der Stunde z. B. auf dem Pult ablegt. Wie immer sollte mit den Ergebnissen vertrauensvoll und kritisch umgegangen werden.

Konkrete Unterrichtsbeispiele:

Zur Evaluation ...

- ... des Klassenklimas
- ... einzelner Methoden
- ... des Verhaltens der Lehrkraft
- ... des Interesses am Stoff

S. 7: Autoreparatur © industrieblick, fotolia.com

S. 7: Schuhe © Harald Biebel, fotolia.com

S. 7: Einkauf © Minerva Studio, fotolia.com

S. 7 / 32: Euroscheine © jogyx, fotolia.com

S. 7: Markt © Philipp Beyer

S. 32: Warum Verbraucher offene Rechnungen nicht bezahlen © Eigene Grafik, nach Werten von www.inkasso.de, Stand Januar 2017

S. 34: Bismarck © Unknown, https://commons.wikimedia.org/wiki/File:Bundesarchiv_Bild_183-R29818,_Otto_von_Bismarck.jpg [Stand 07.05.2021] CC BY-SA 3.0 DE [https://creativecommons.org/licenses/by-sa/3.0/de/deed.en]

S. 34: Arbeitsloser auf Arbeitssuche © Unknown, https://commons.wikimedia.org/wiki/File:Bundesarchiv_Bild_183-R79053,_Arbeitsloser_auf_Arbeitssuche.jpg [Stand 07.05.2021] CC BY-SA 3.0 DE [https://creativecommons.org/licenses/by-sa/3.0/de/deed.en]

S. 34: Prognostizierte Altersverteilung für Deutschland im Jahr 2050 © C. Breßler, https://commons.wikimedia.org/wiki/File:Bevpyr_2050.png [Stand 07.05.2021] CC BY-SA 3.0 [https://creativecommons.org/licenses/by-sa/3.0/deed.en]

Jederzeit optimal vorbereitet in den Unterricht?

»